Relájate *coloreando*

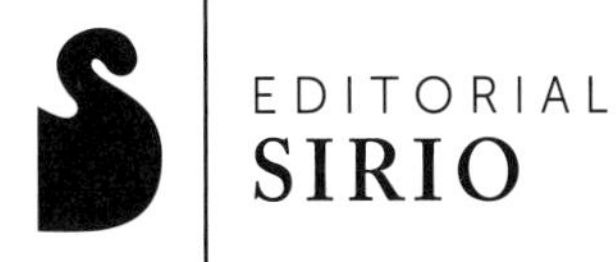

EDITORIAL
SIRIO

11ª edición: junio 2022

Diseño de portada: Editorial Sirio, S.A.

© de la presente edición
EDITORIAL SIRIO, S.A.
C/ Rosa de los Vientos, 64
Pol. Ind. El Viso
29006-Málaga
España

www.editorialsirio.com
sirio@editorialsirio.com

I.S.B.N.: 978-84-16579-44-0
Depósito Legal: MA-425-2017

Impreso en Imagraf Impresores, S. A.
c/ Nabucco, 14 D - Pol. Alameda
29006 - Málaga

Impreso en España

Puedes seguirnos en Facebook, Twitter, YouTube e Instagram.

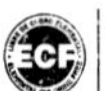
El papel utilizado para la impresión de este libro está **libre de cloro** elemental (ECF) y su procedencia está certificada por una entidad independiente, no gubernamental, que promueve la sostenibilidad de los bosques.

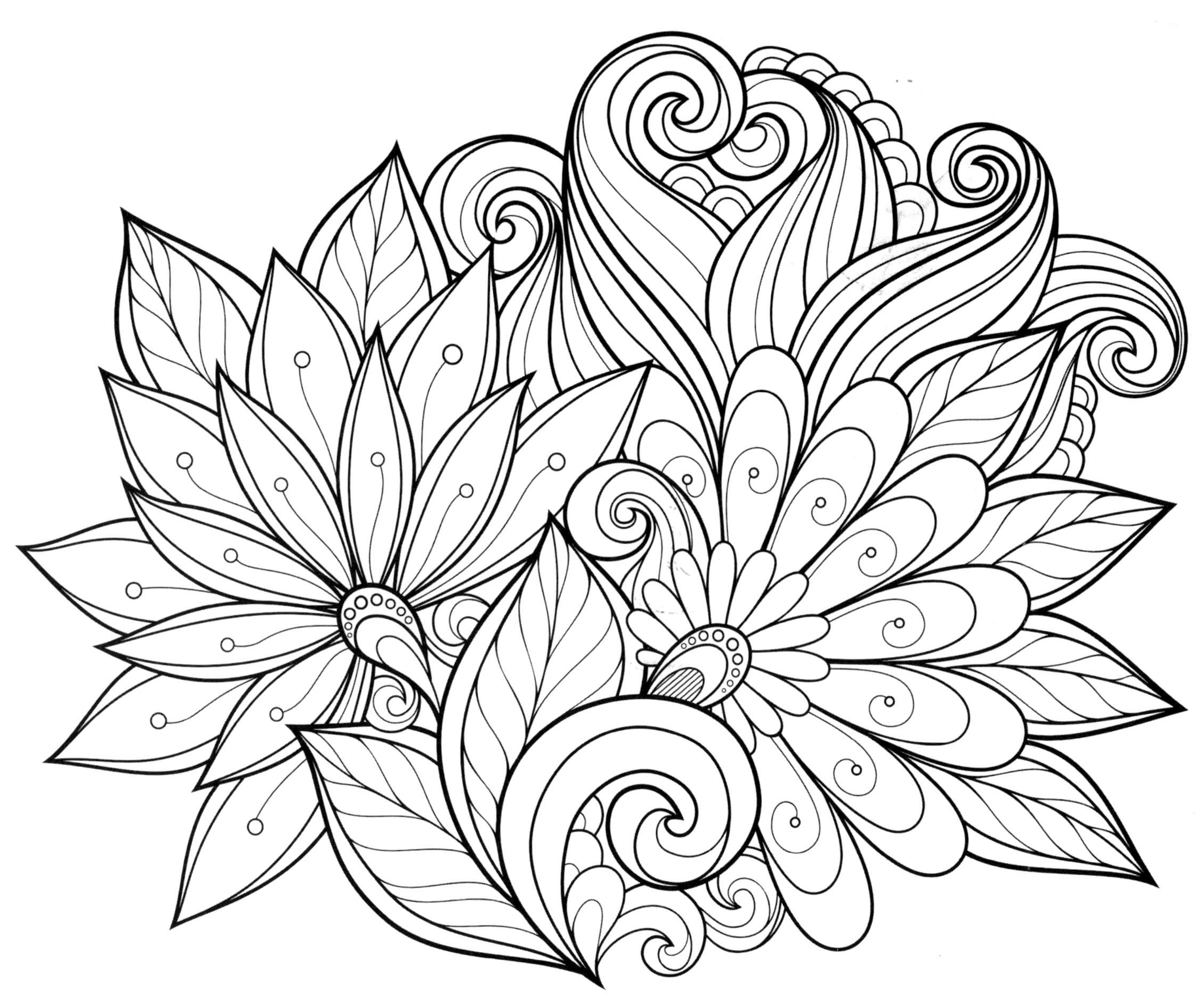

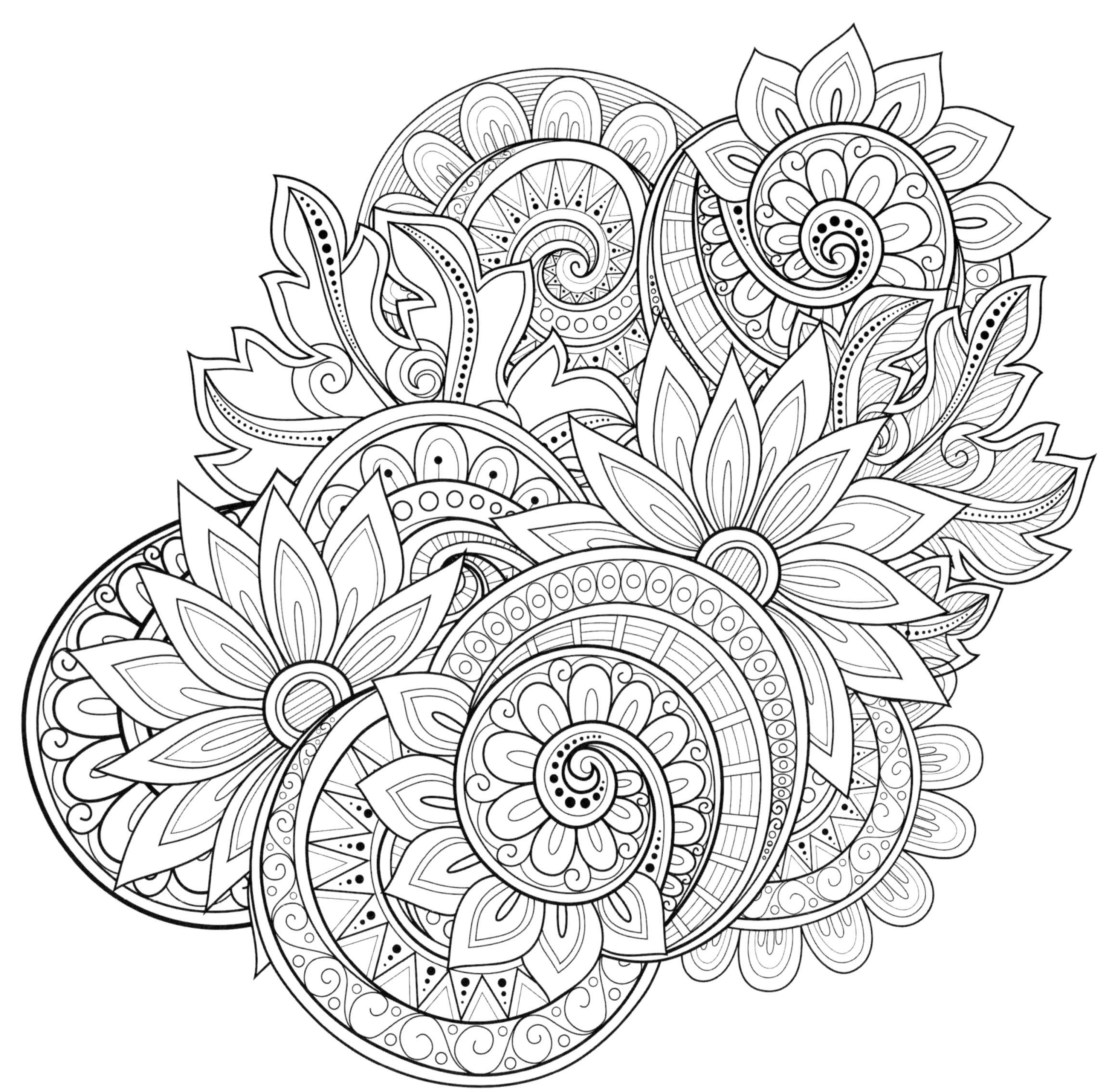

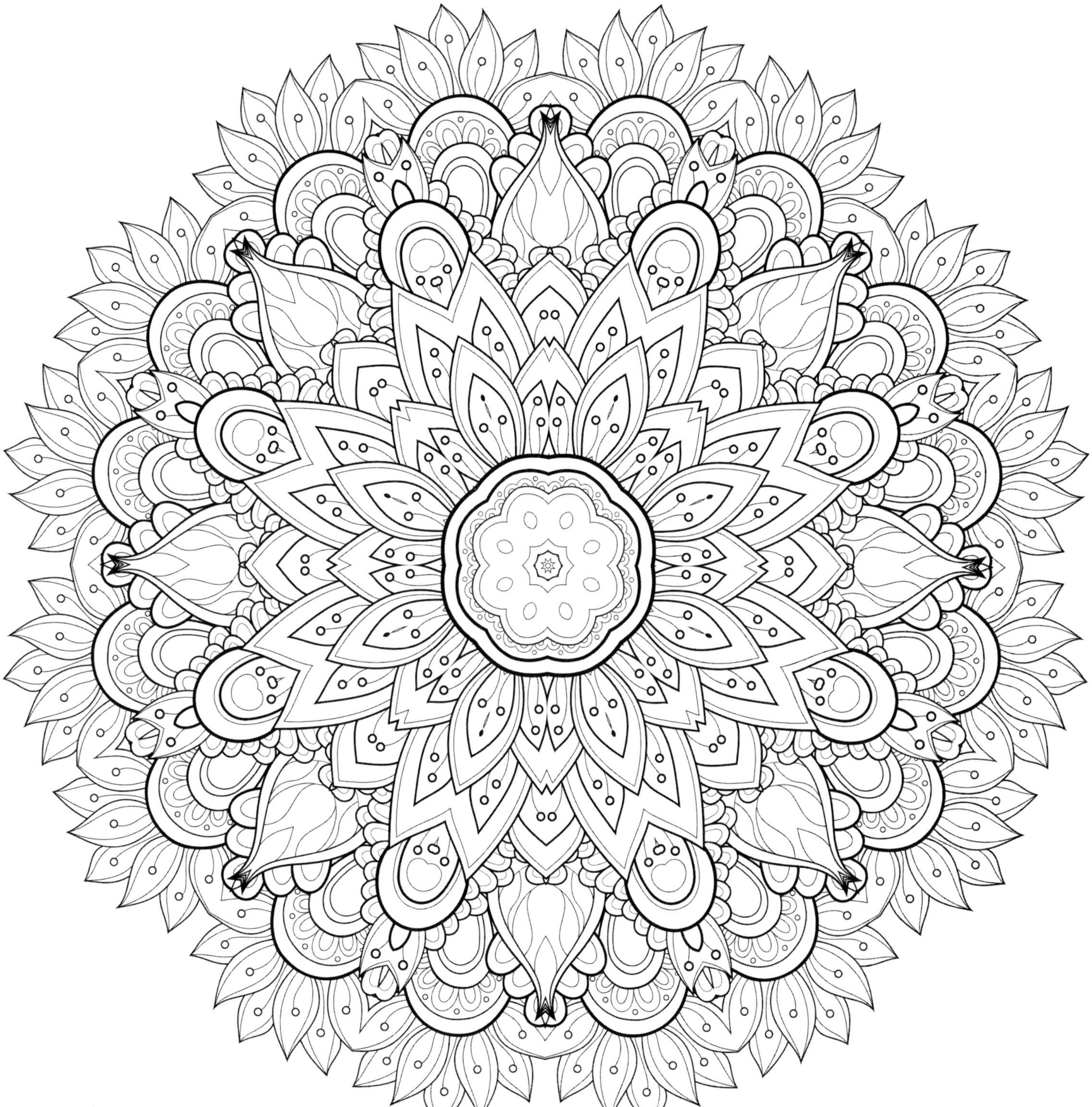

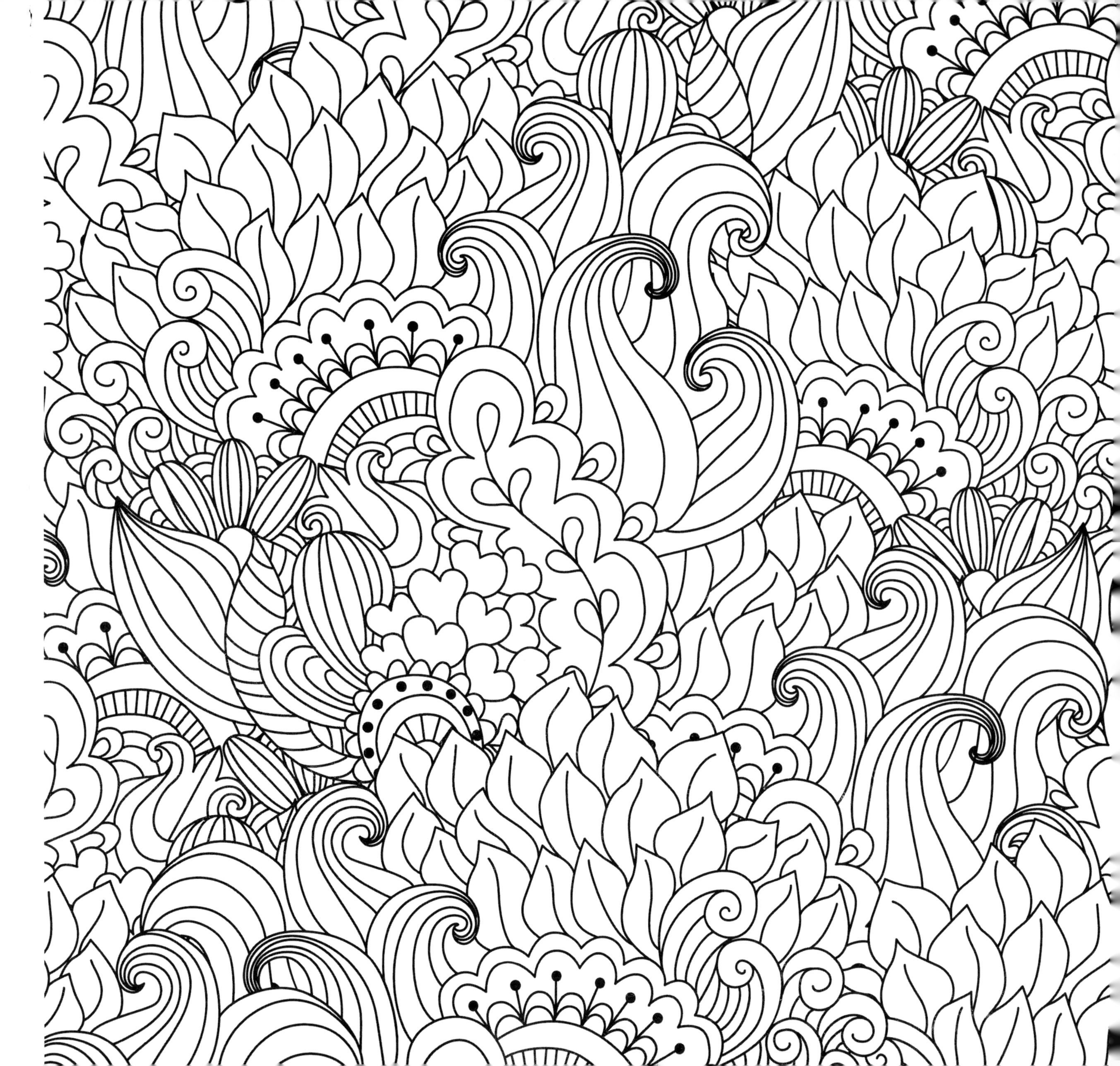

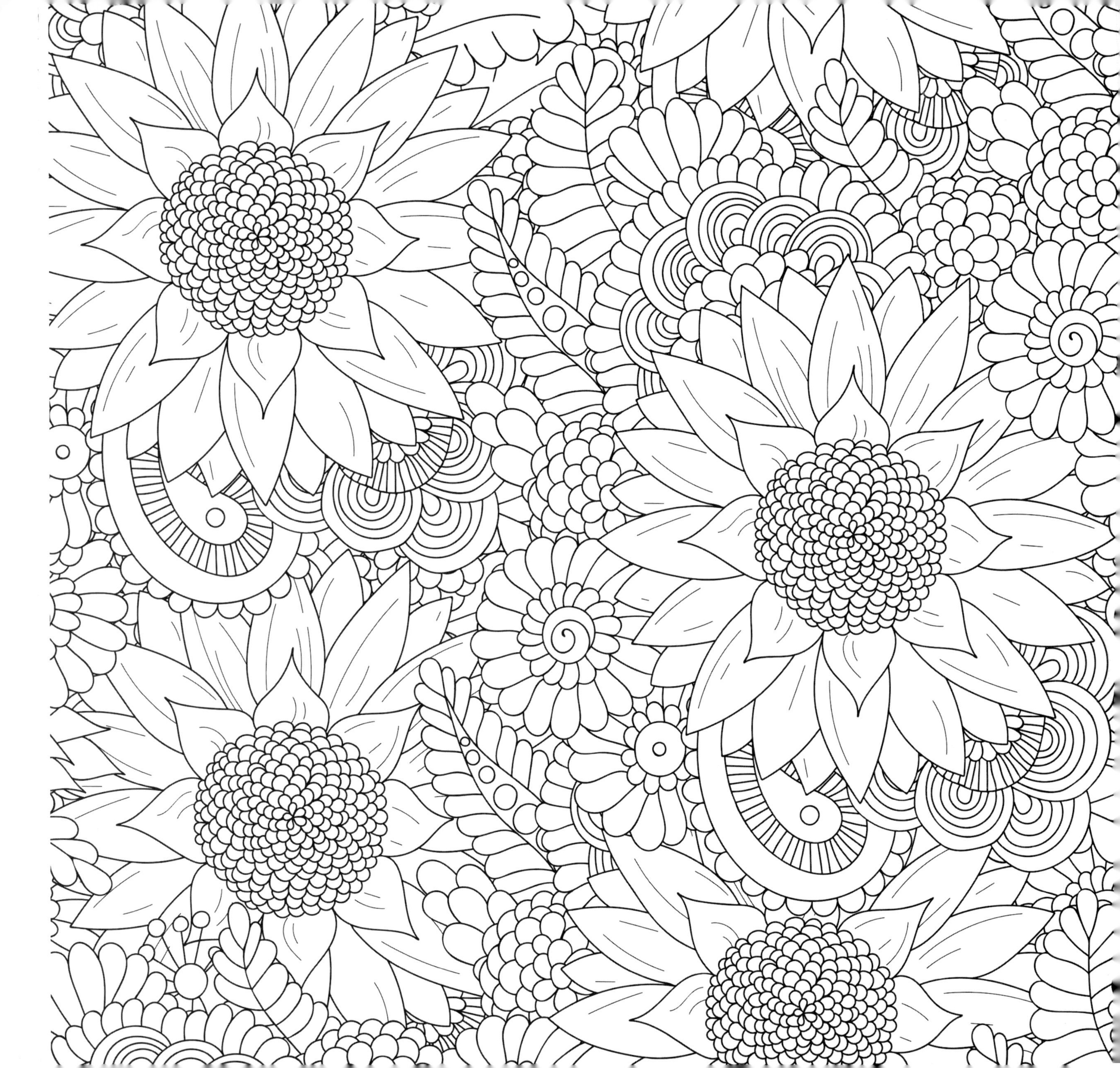

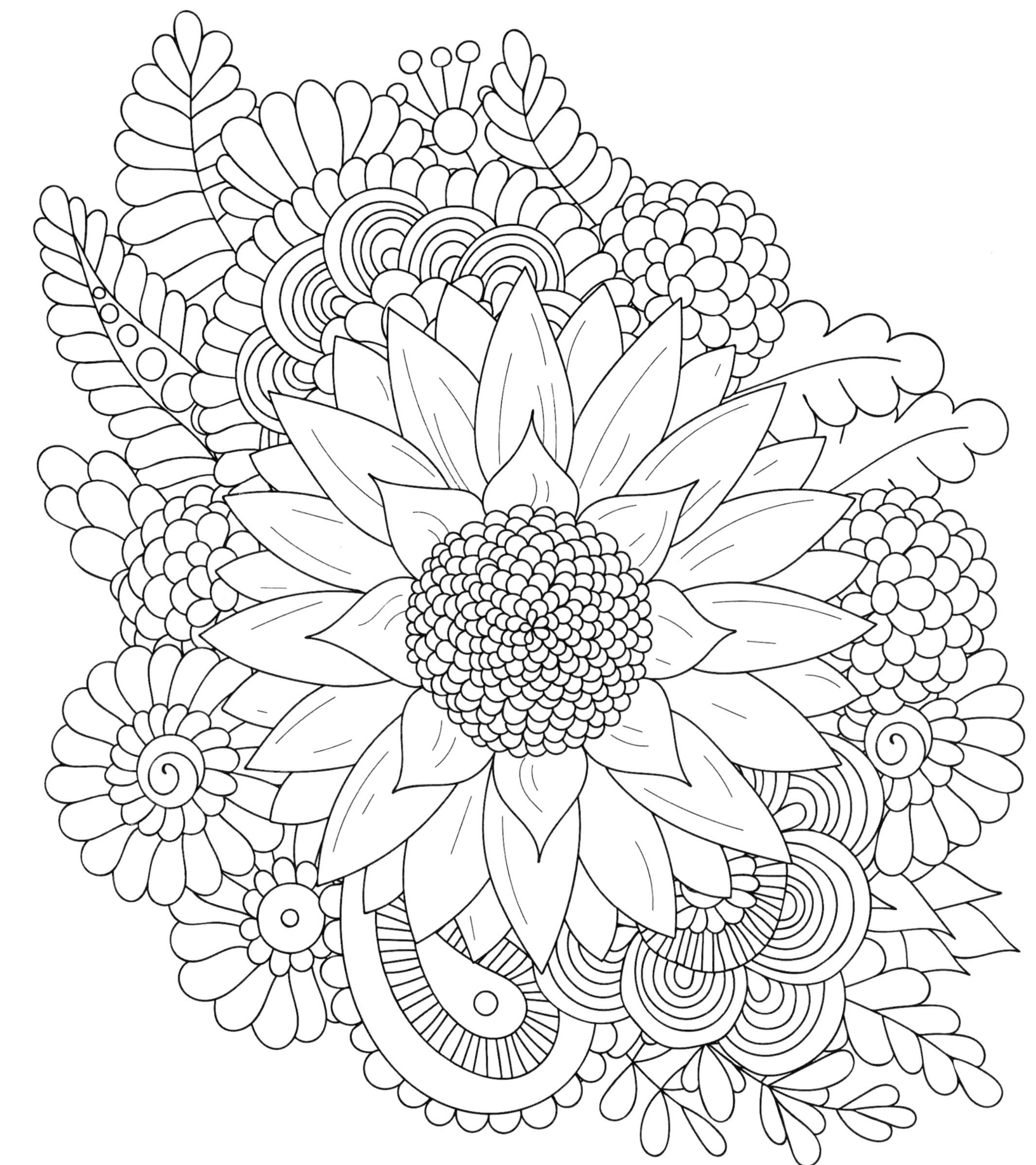

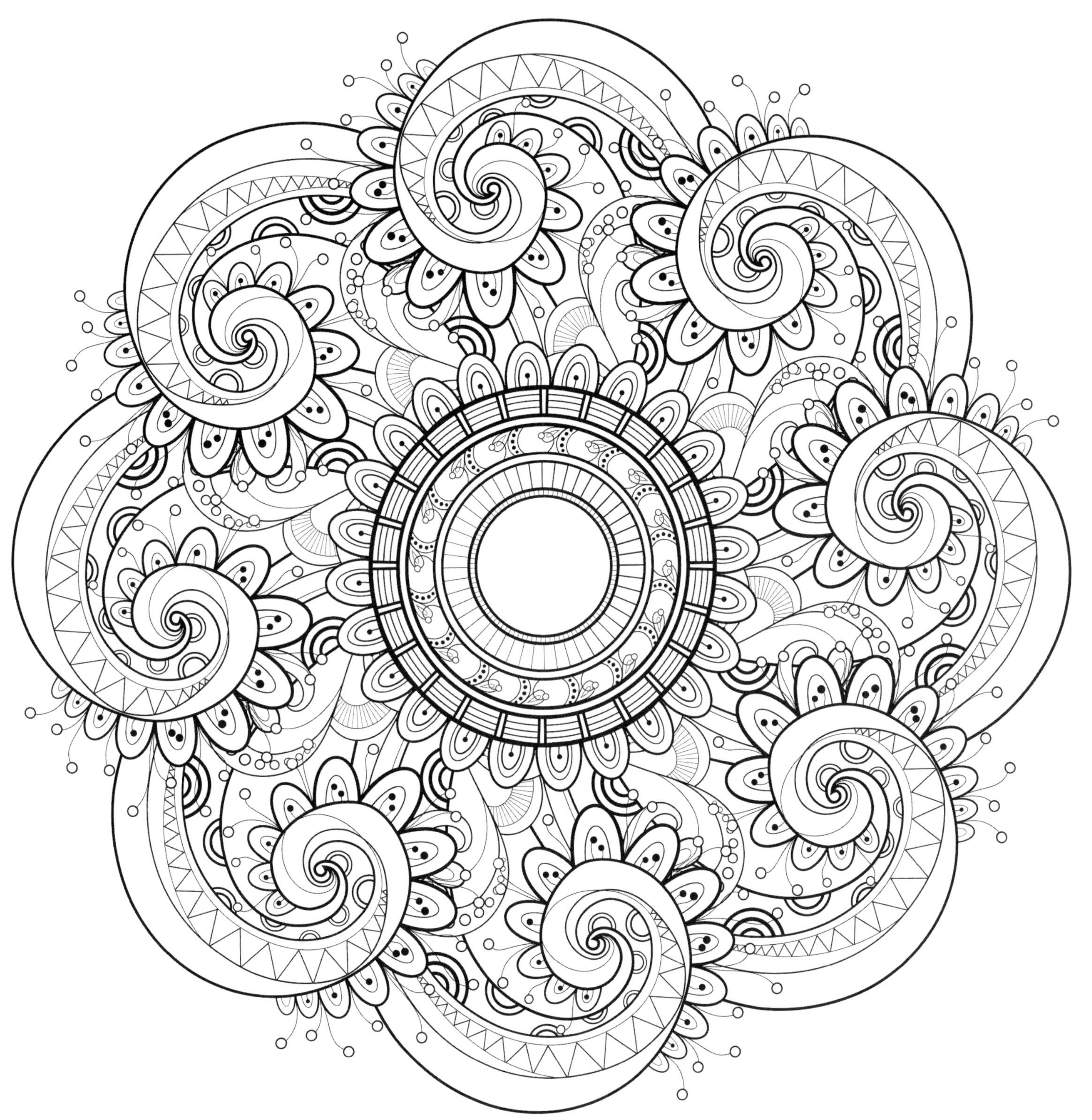

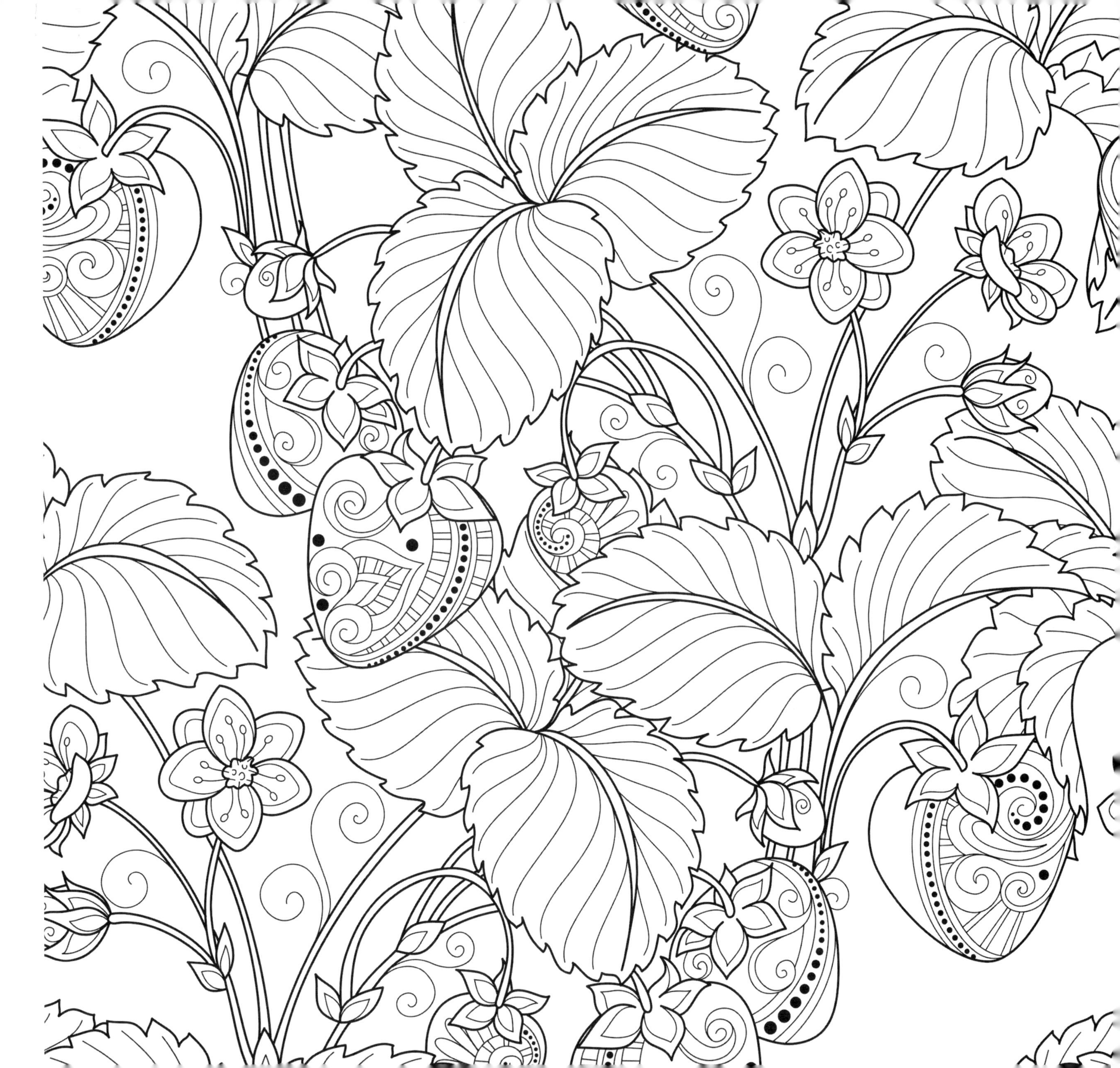

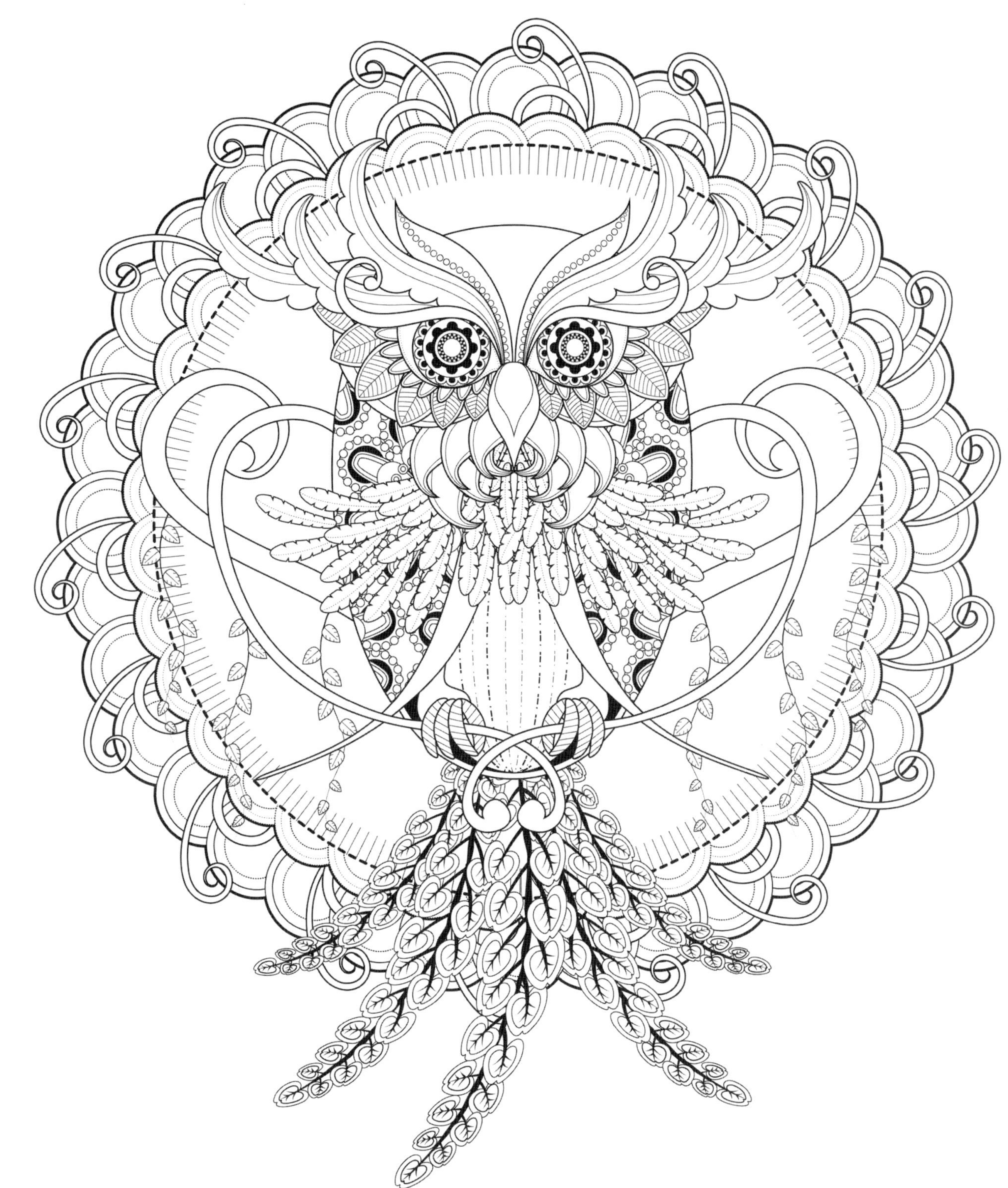

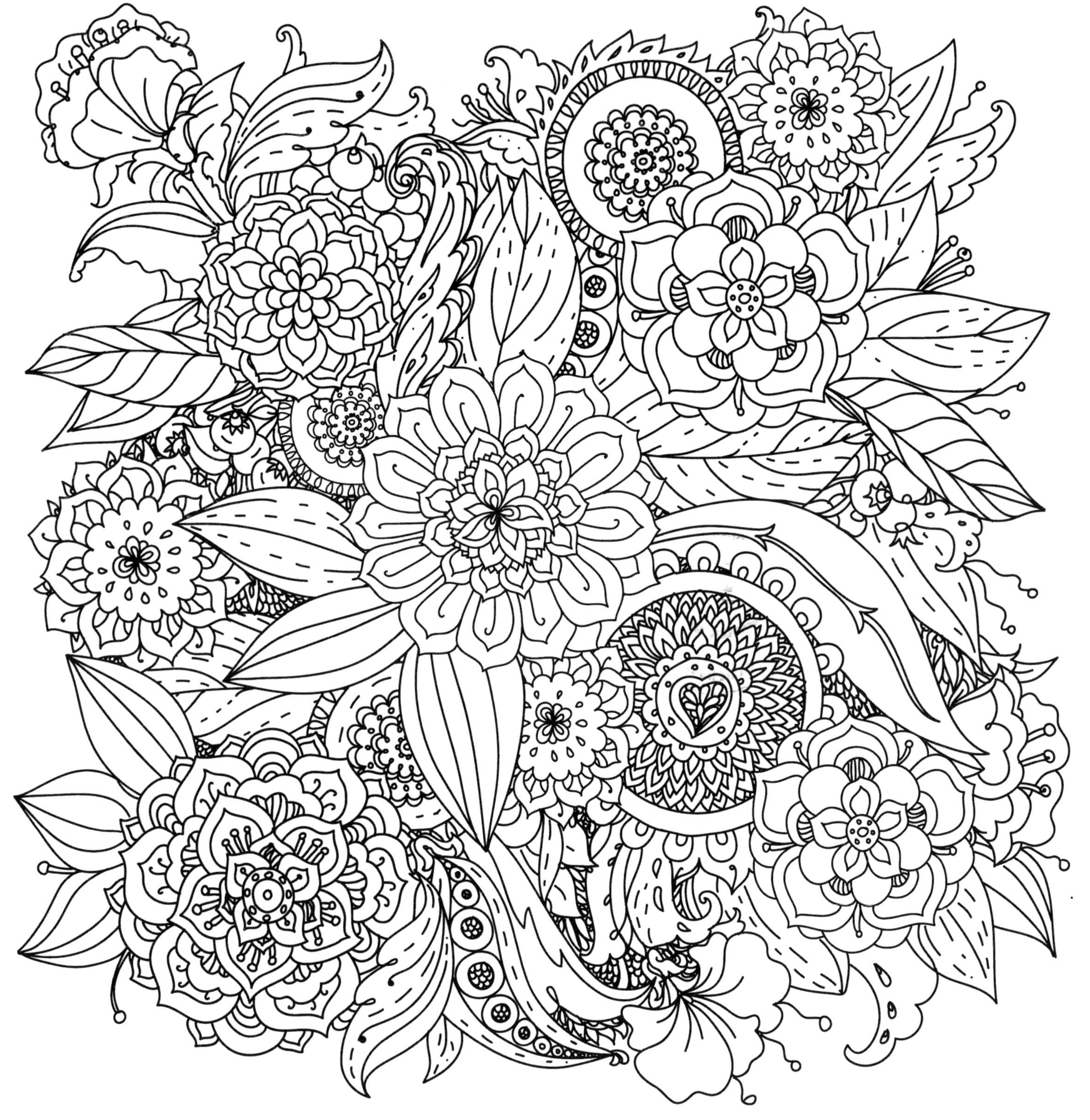

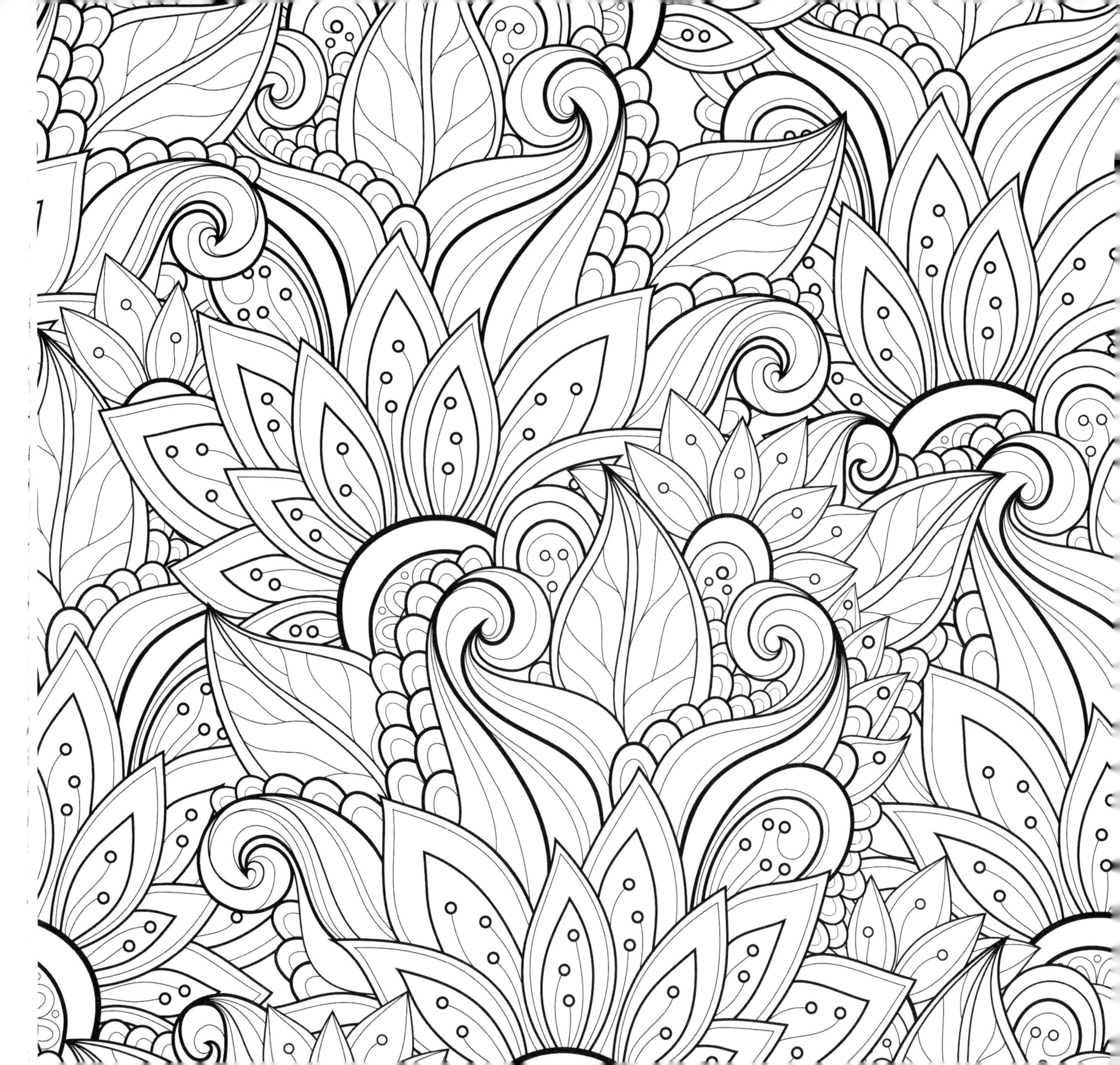

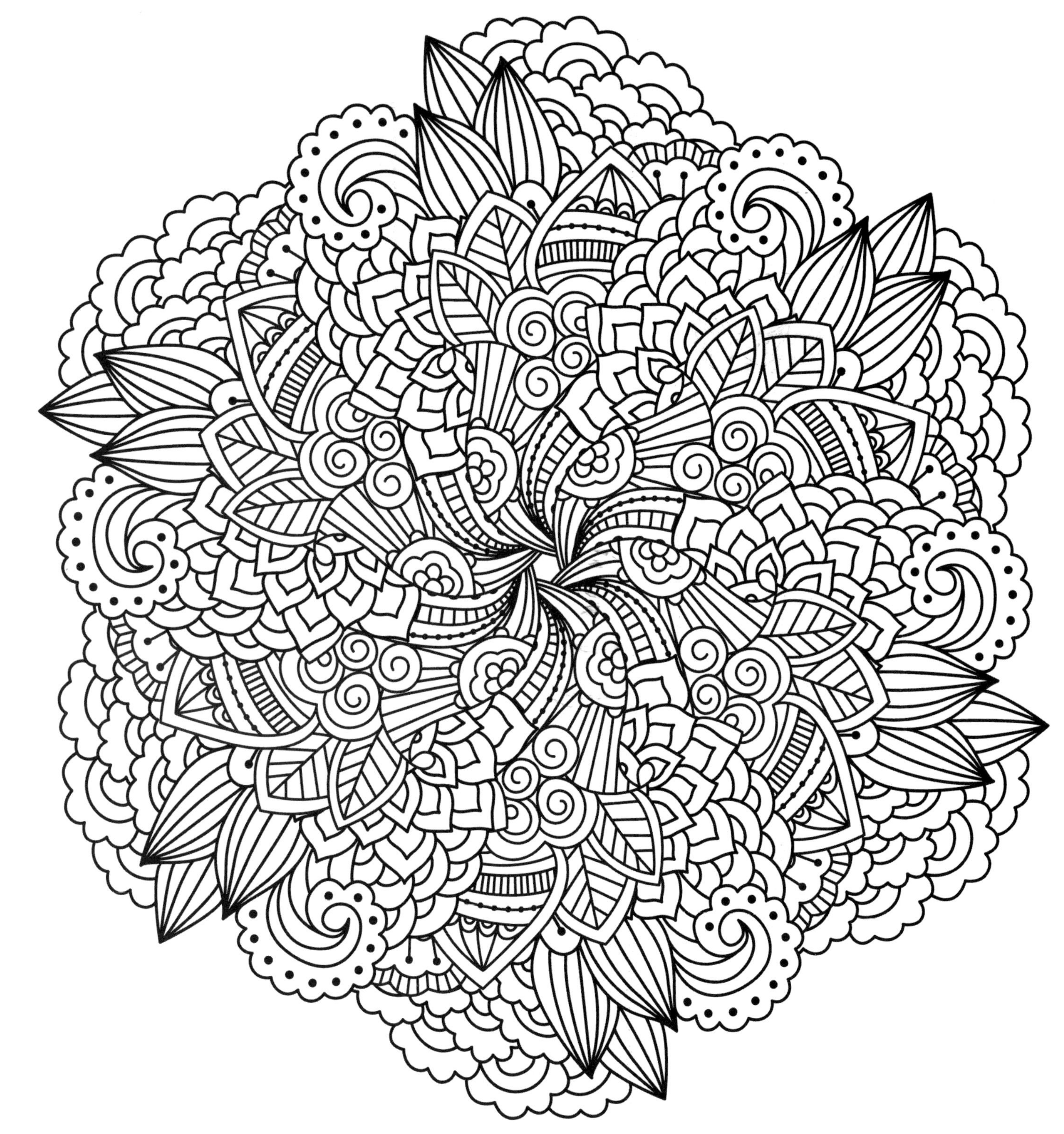

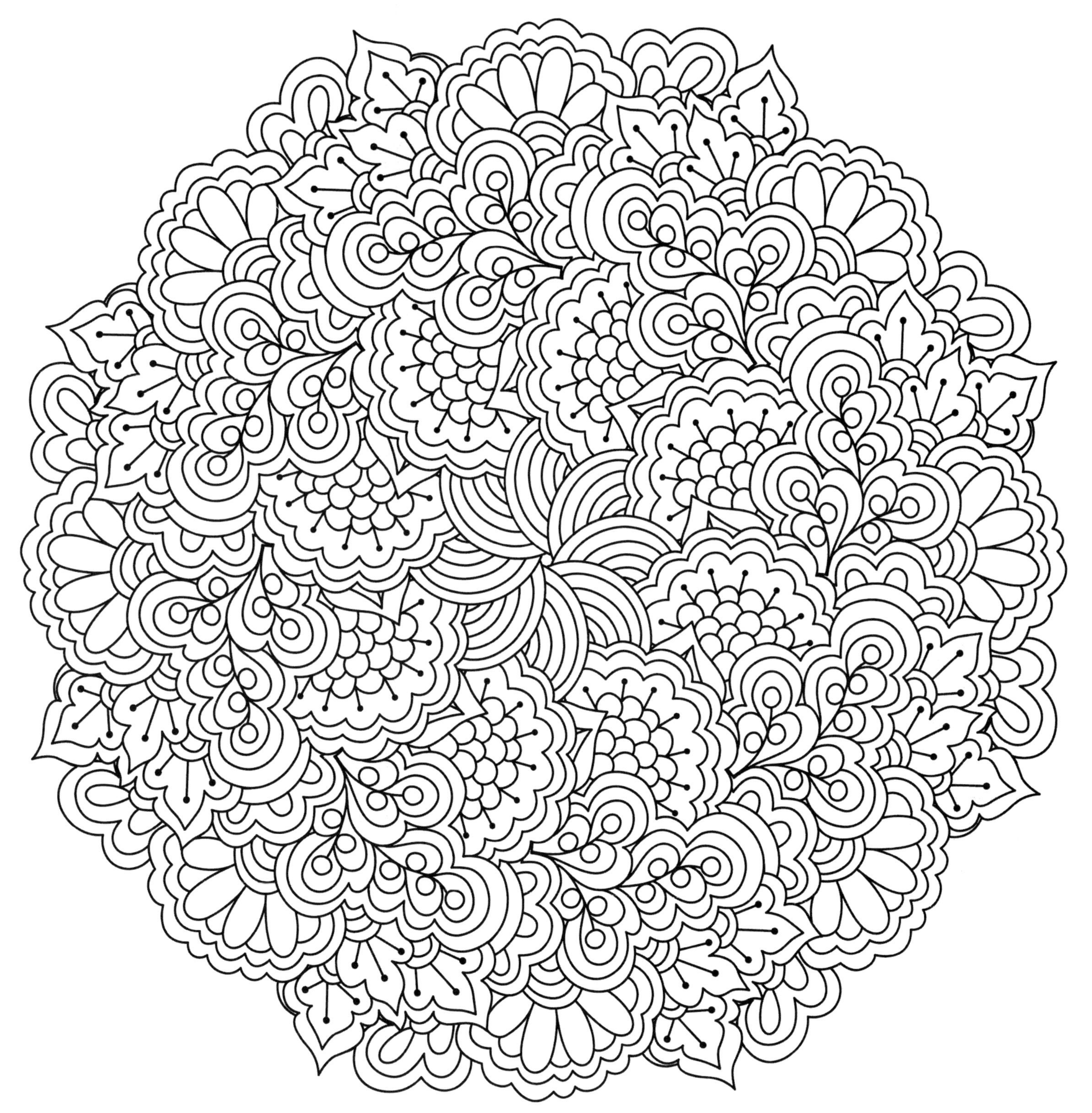

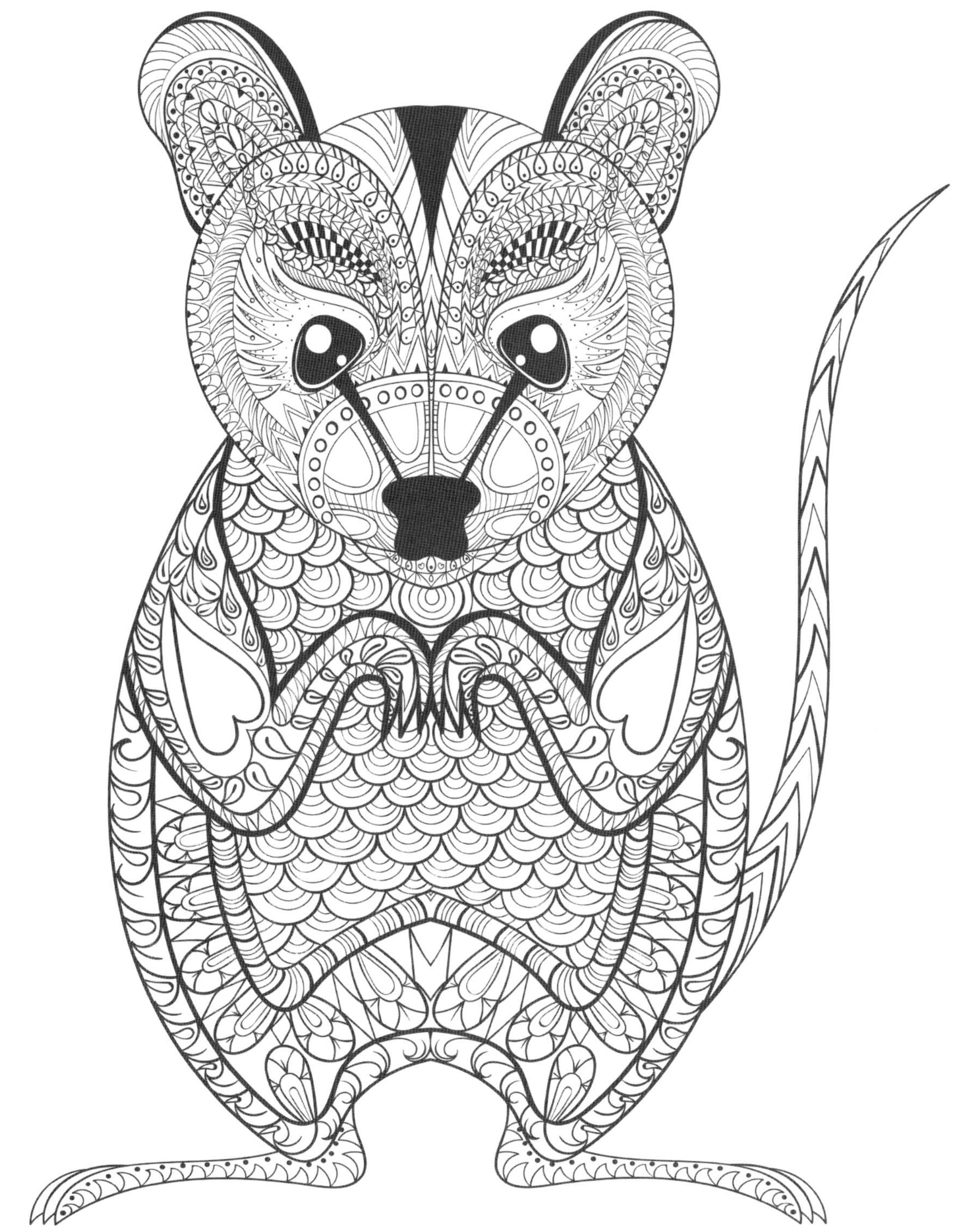

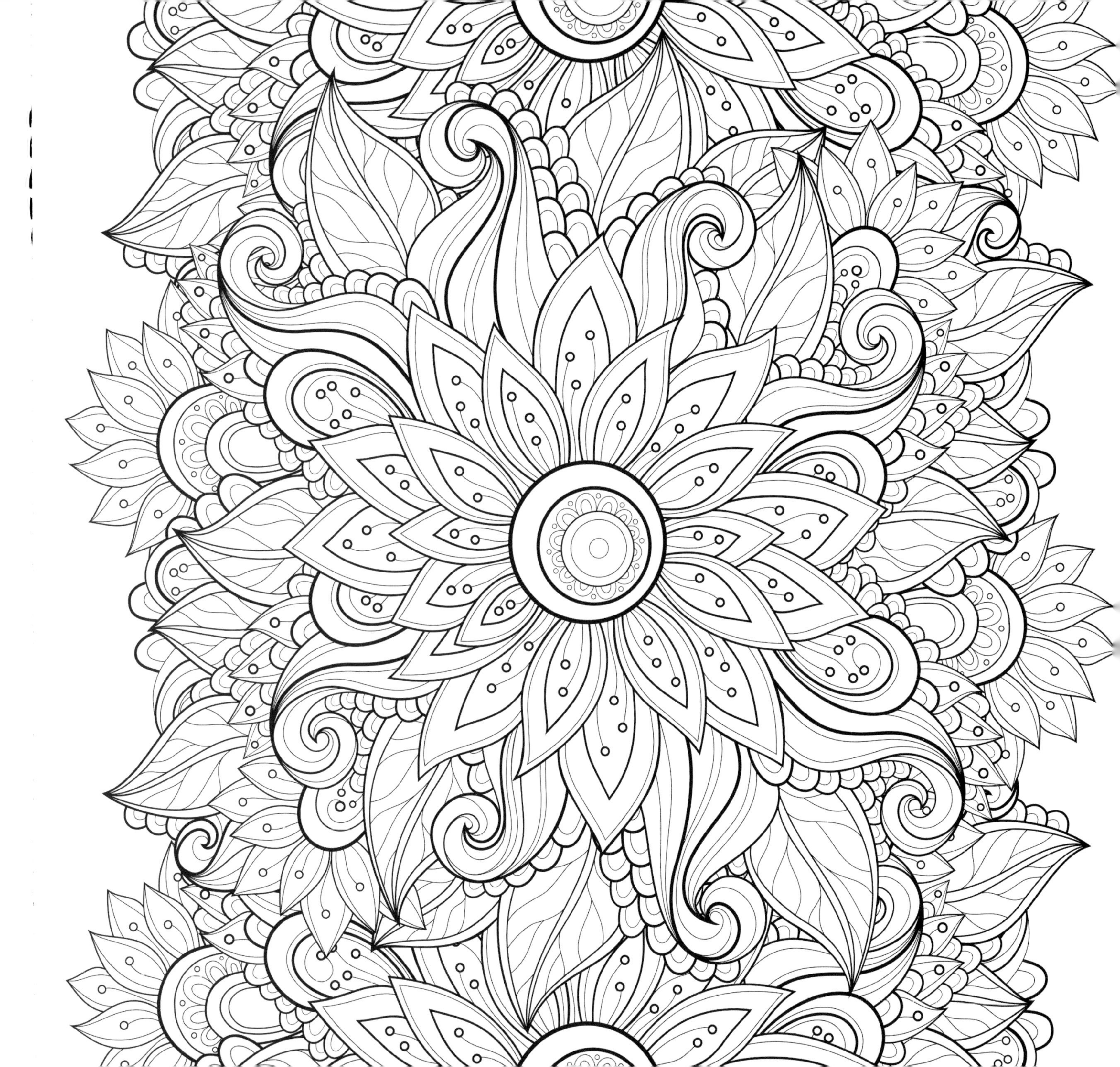

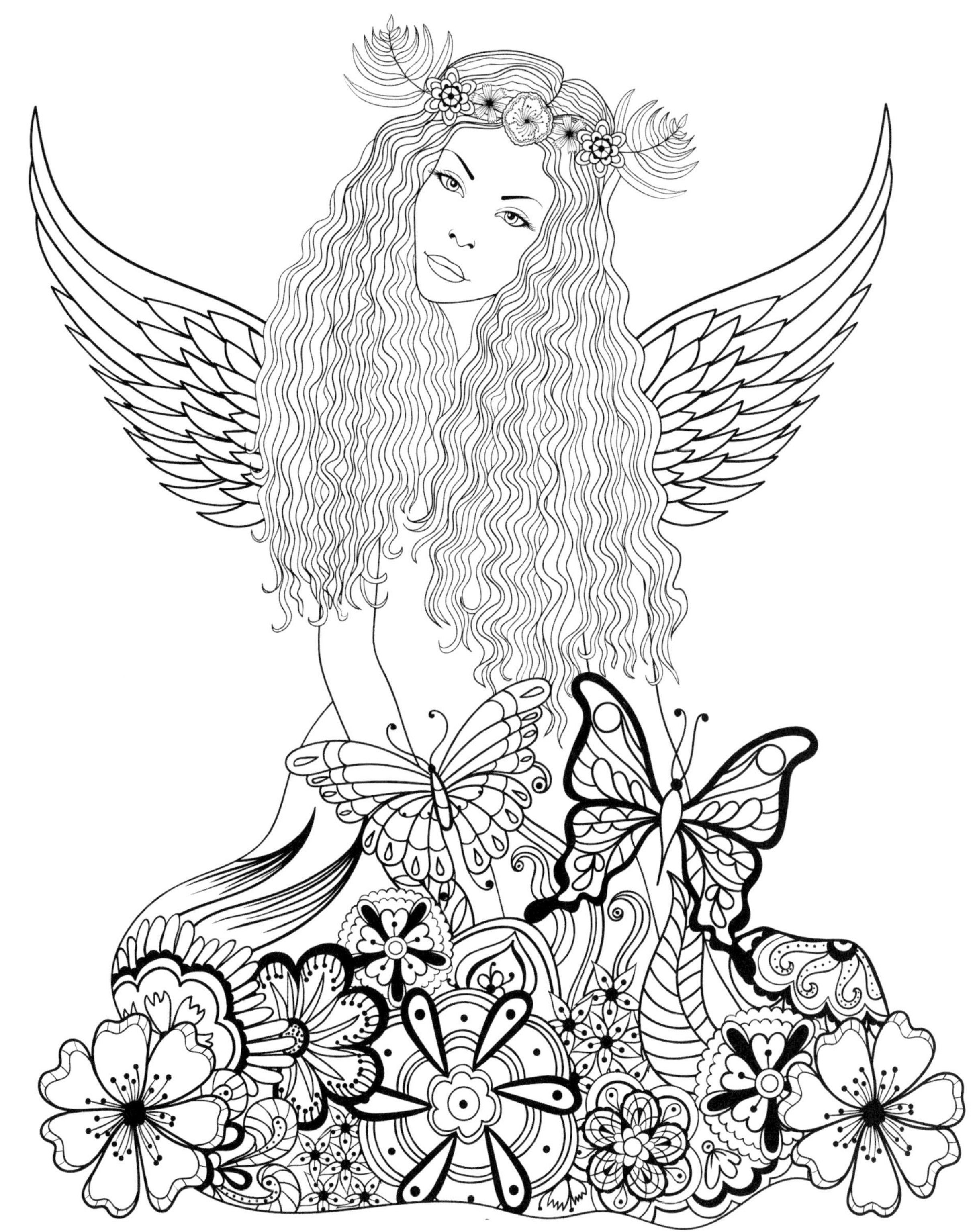

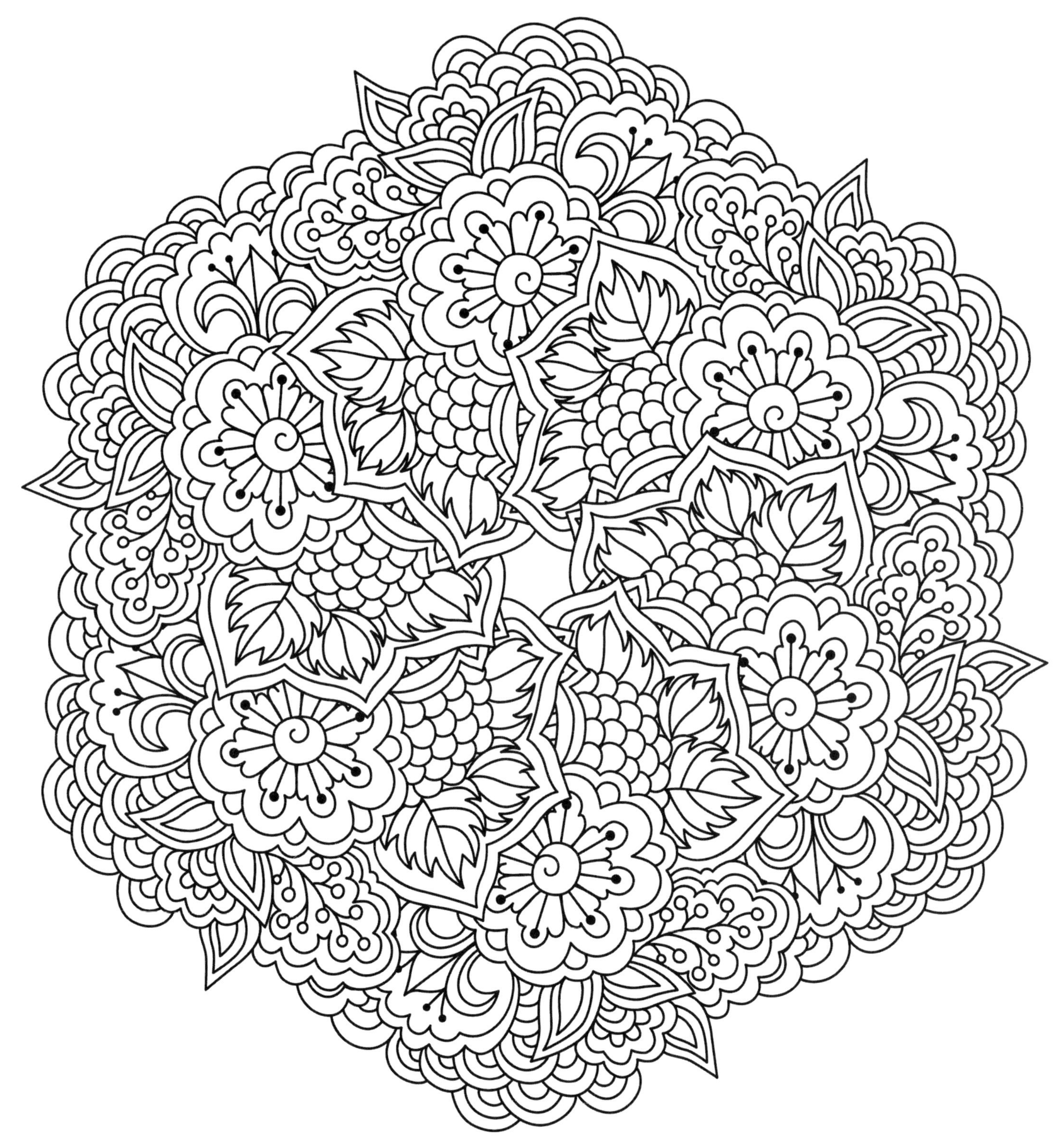

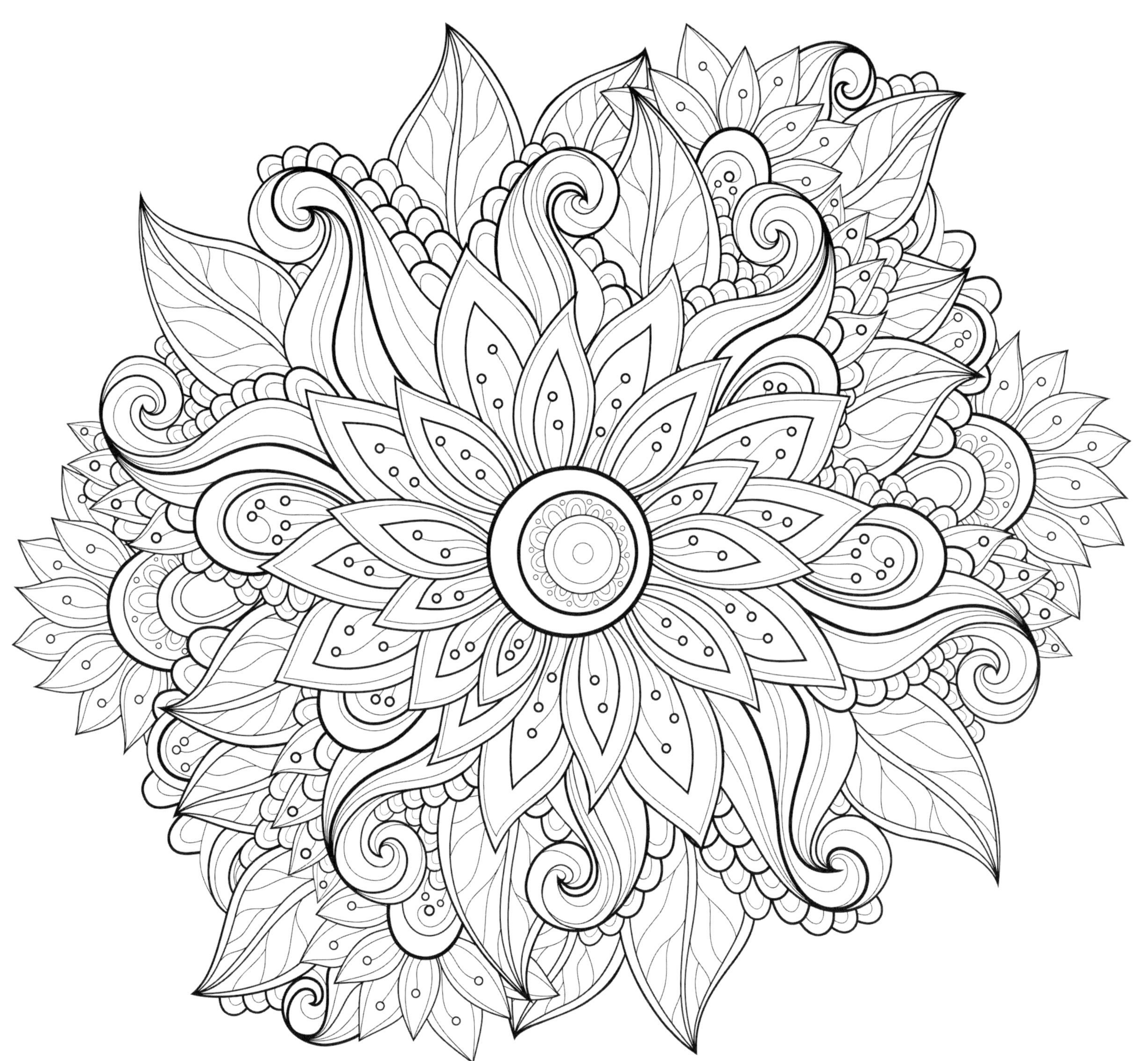

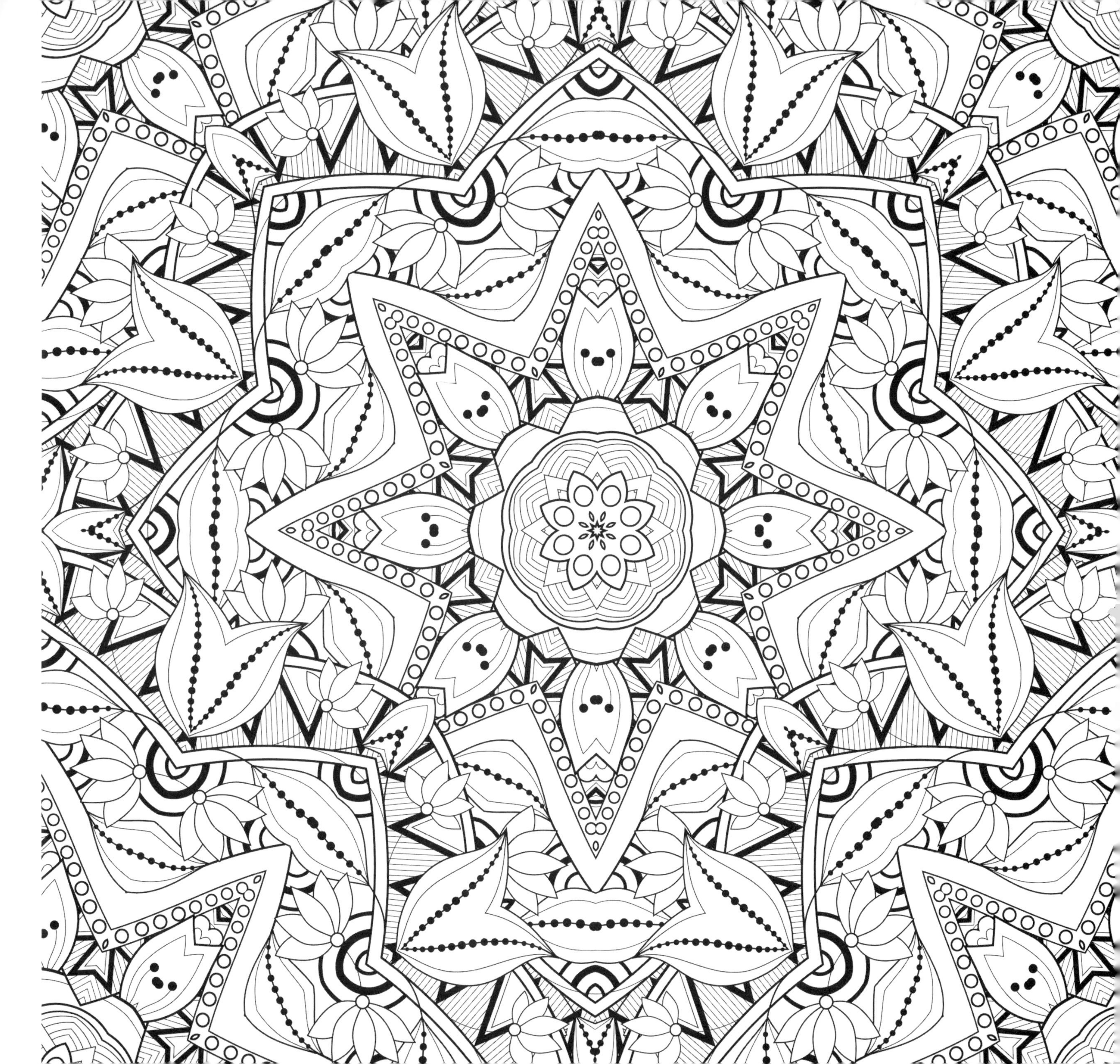

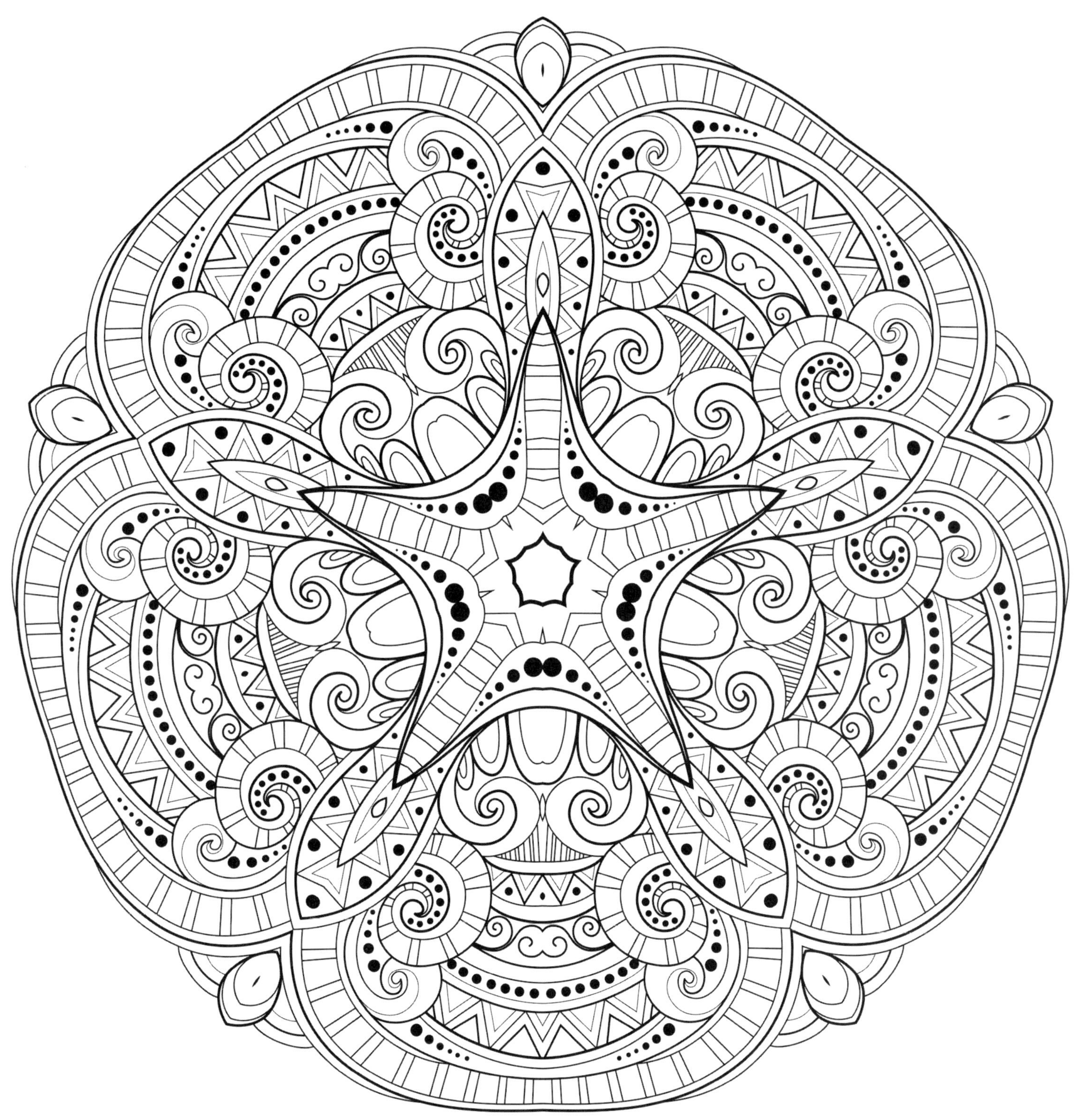

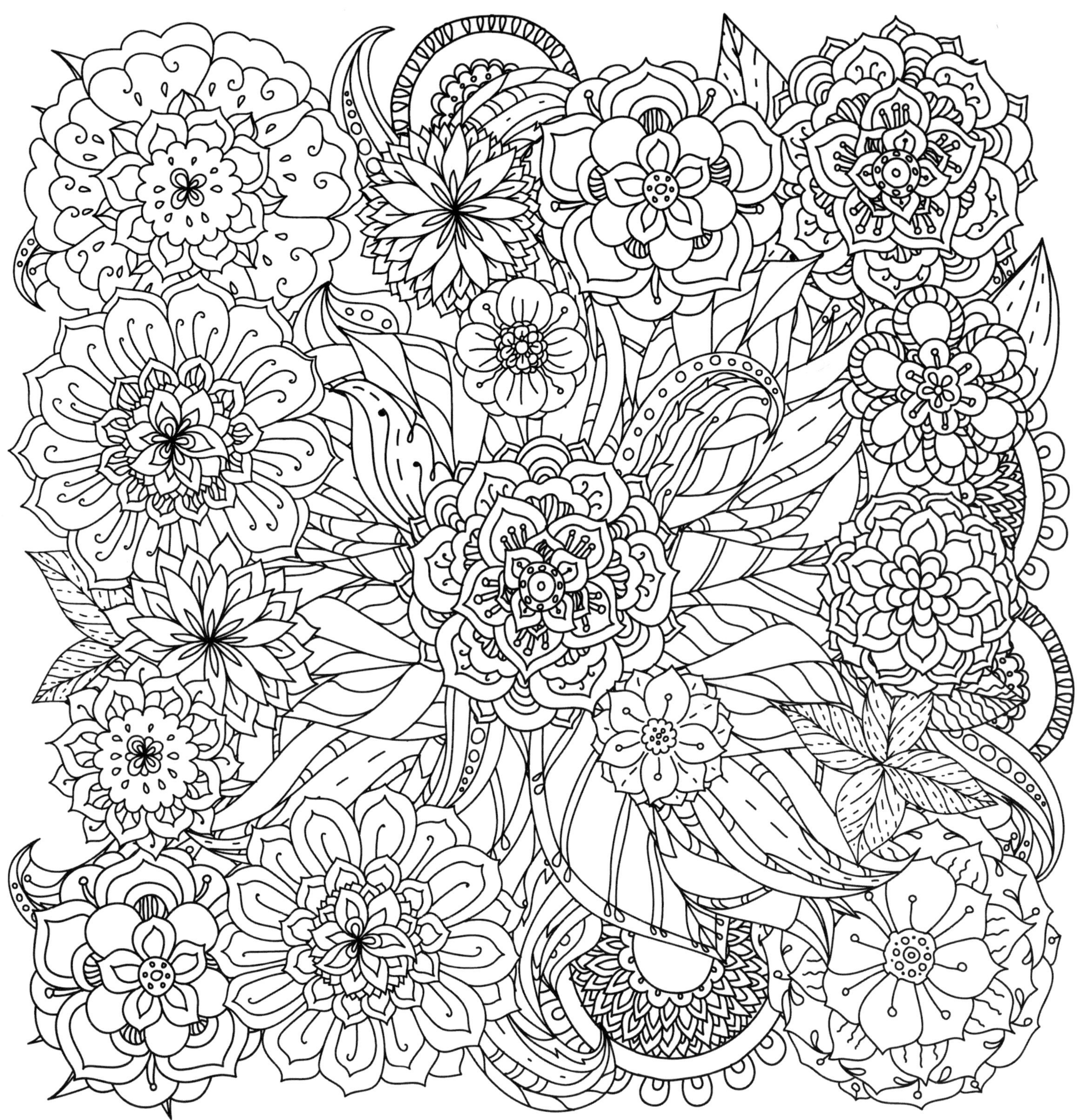

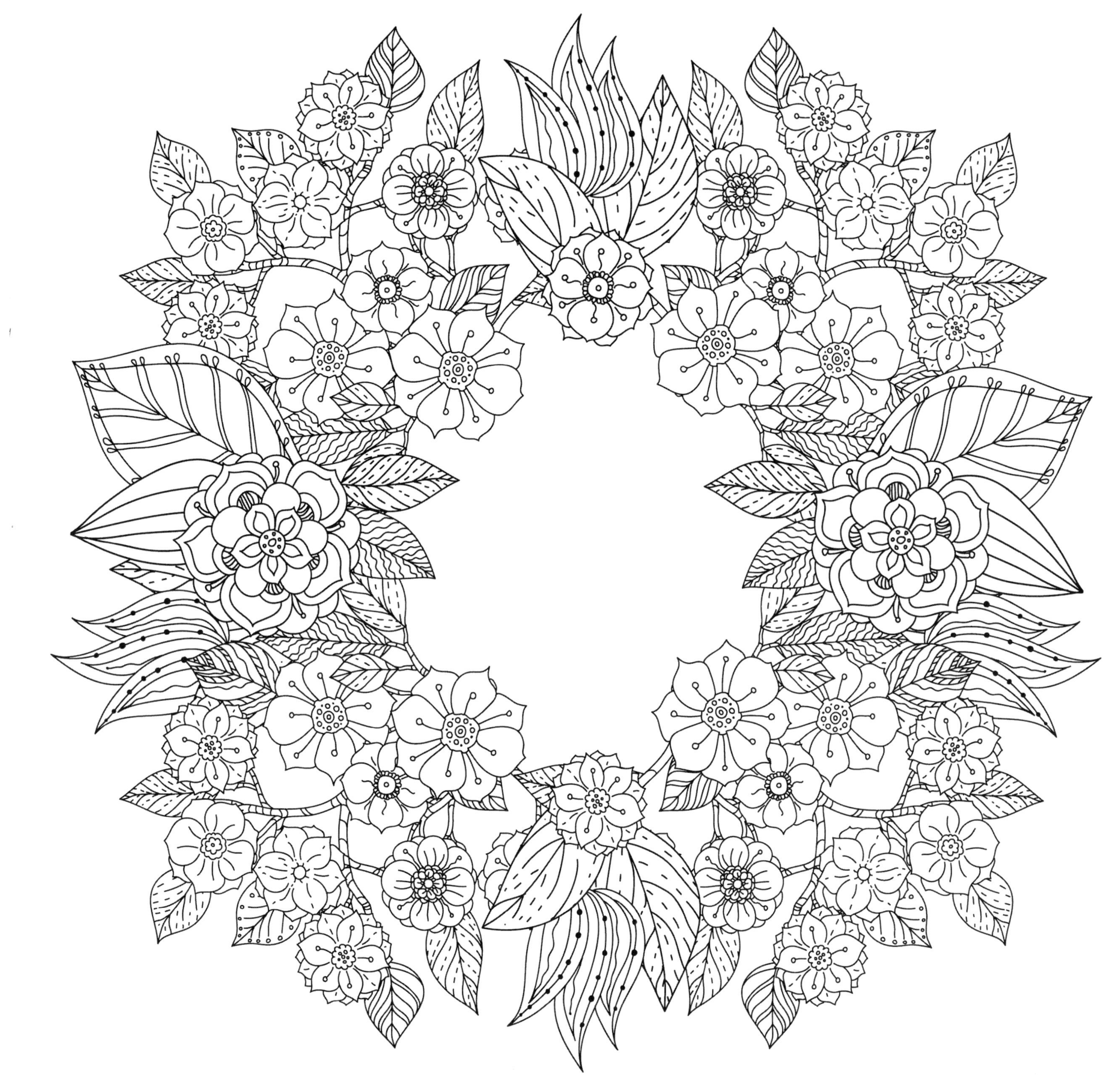

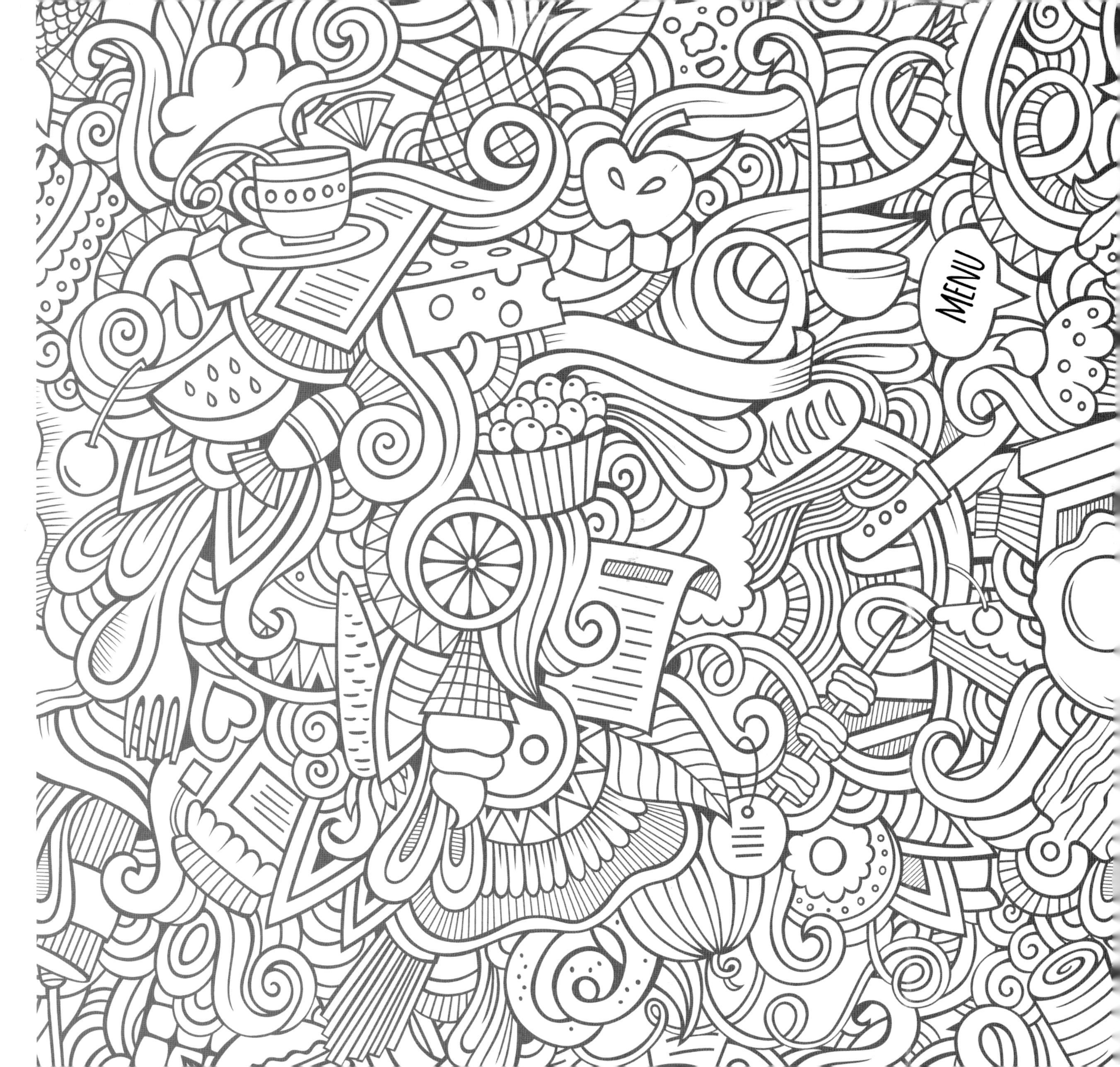
MENU

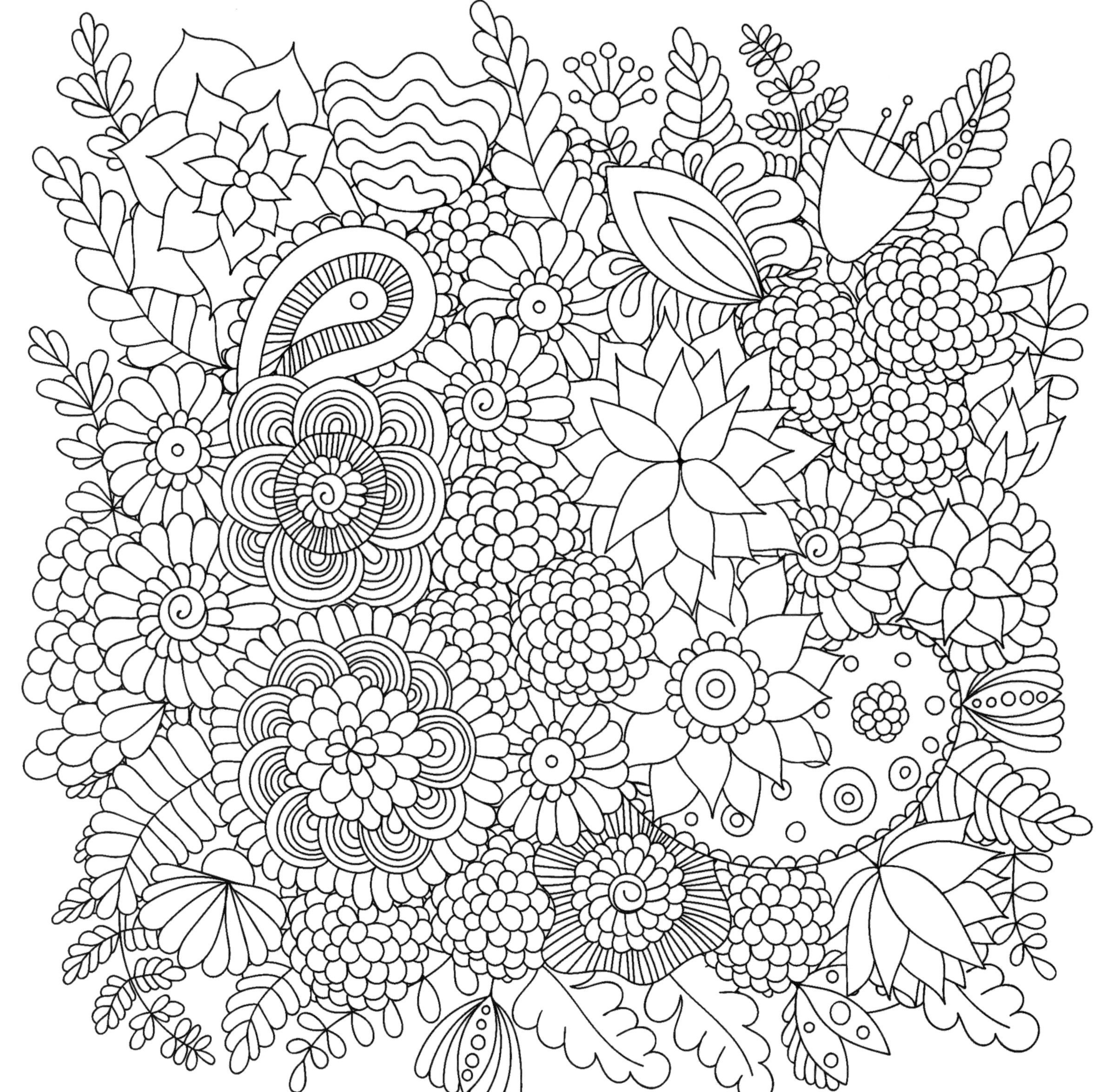

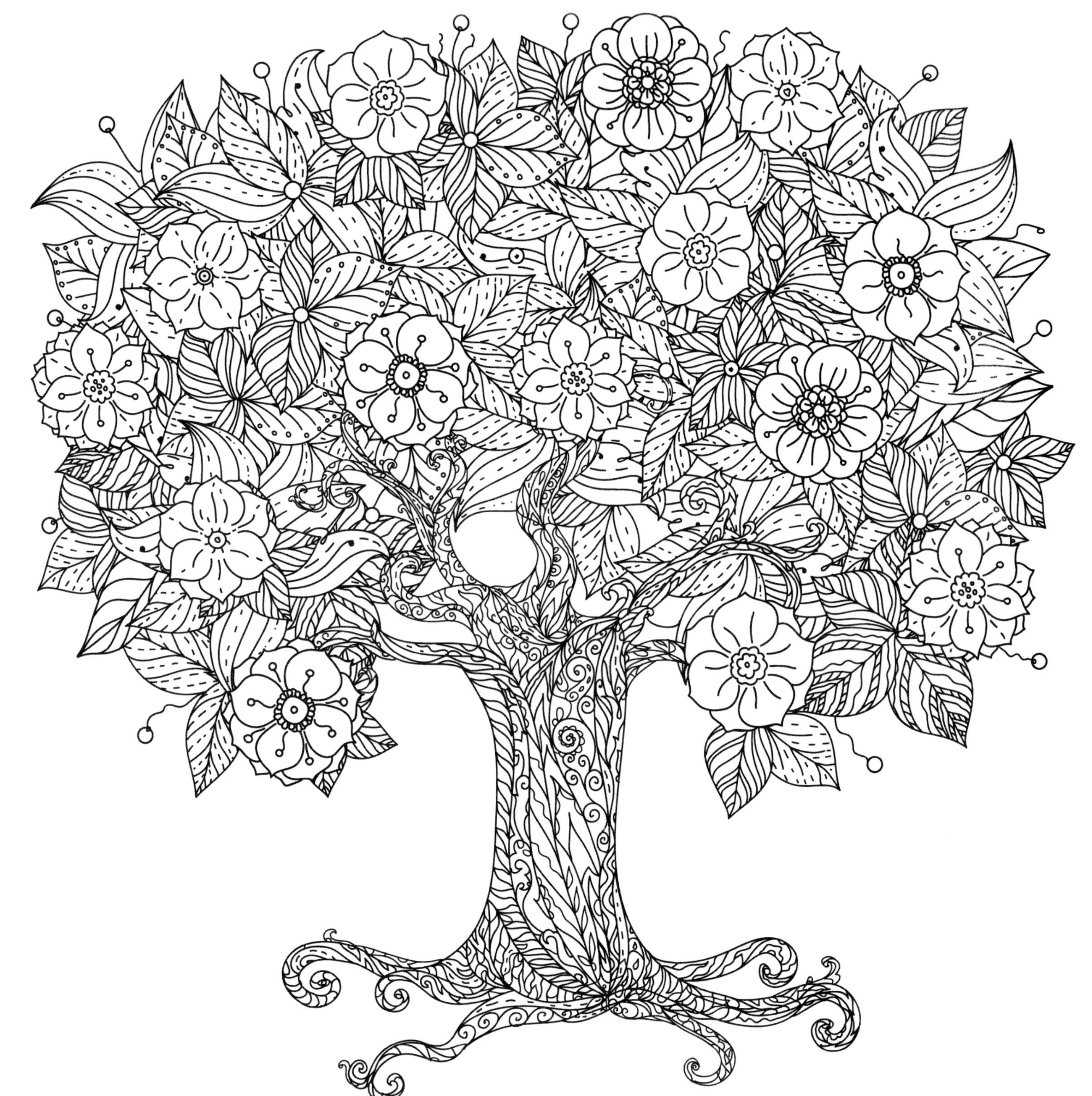

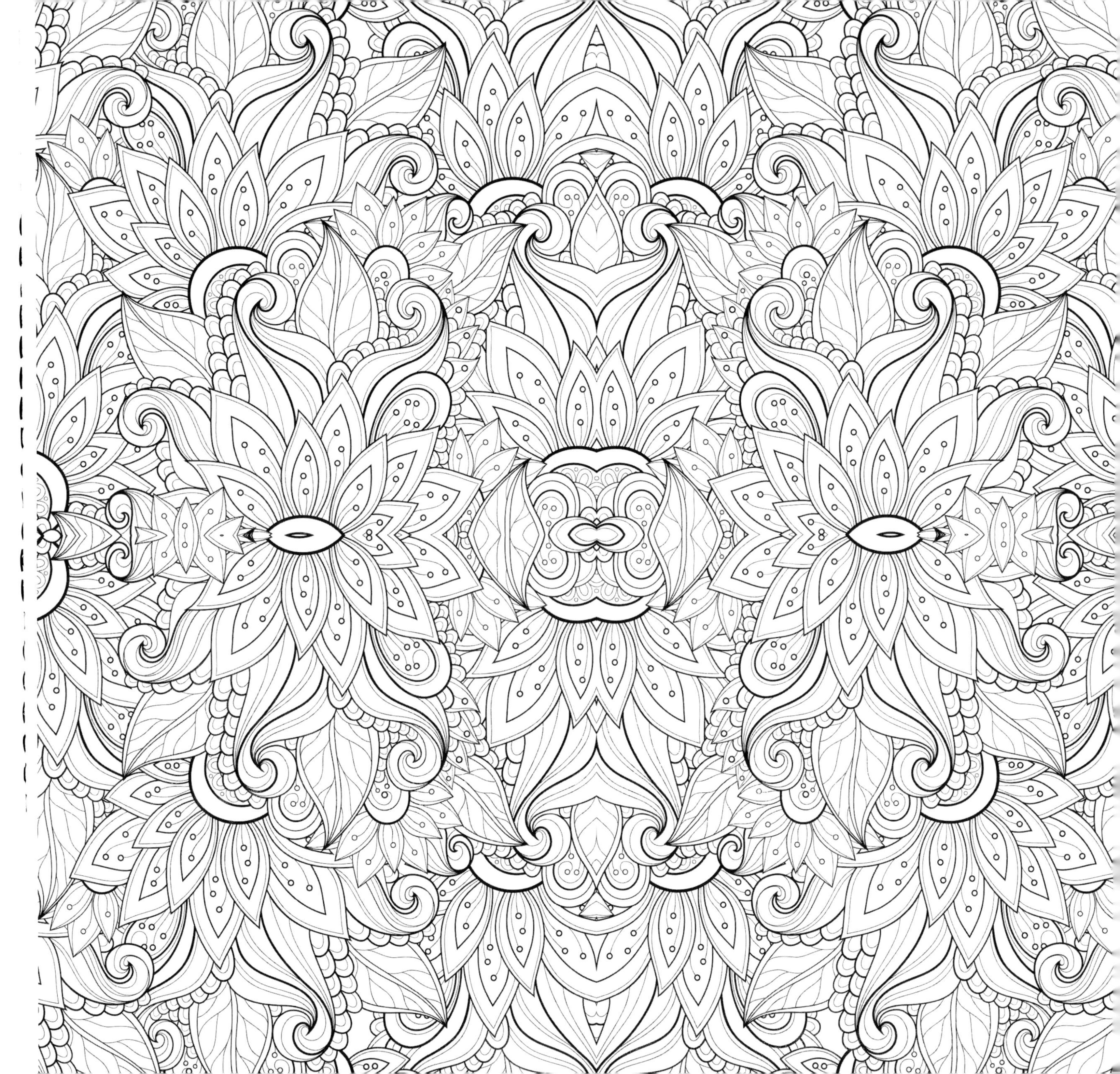

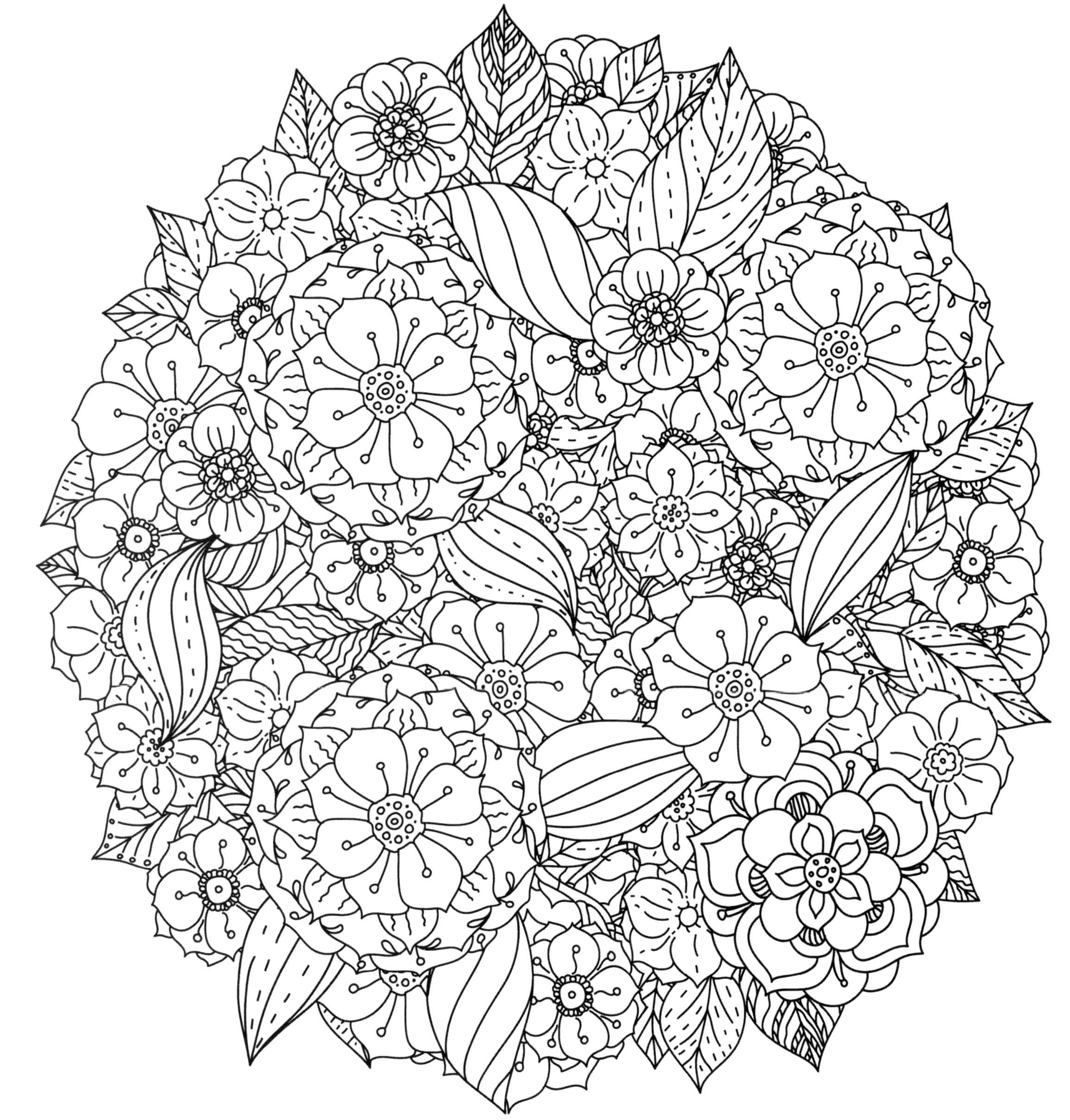

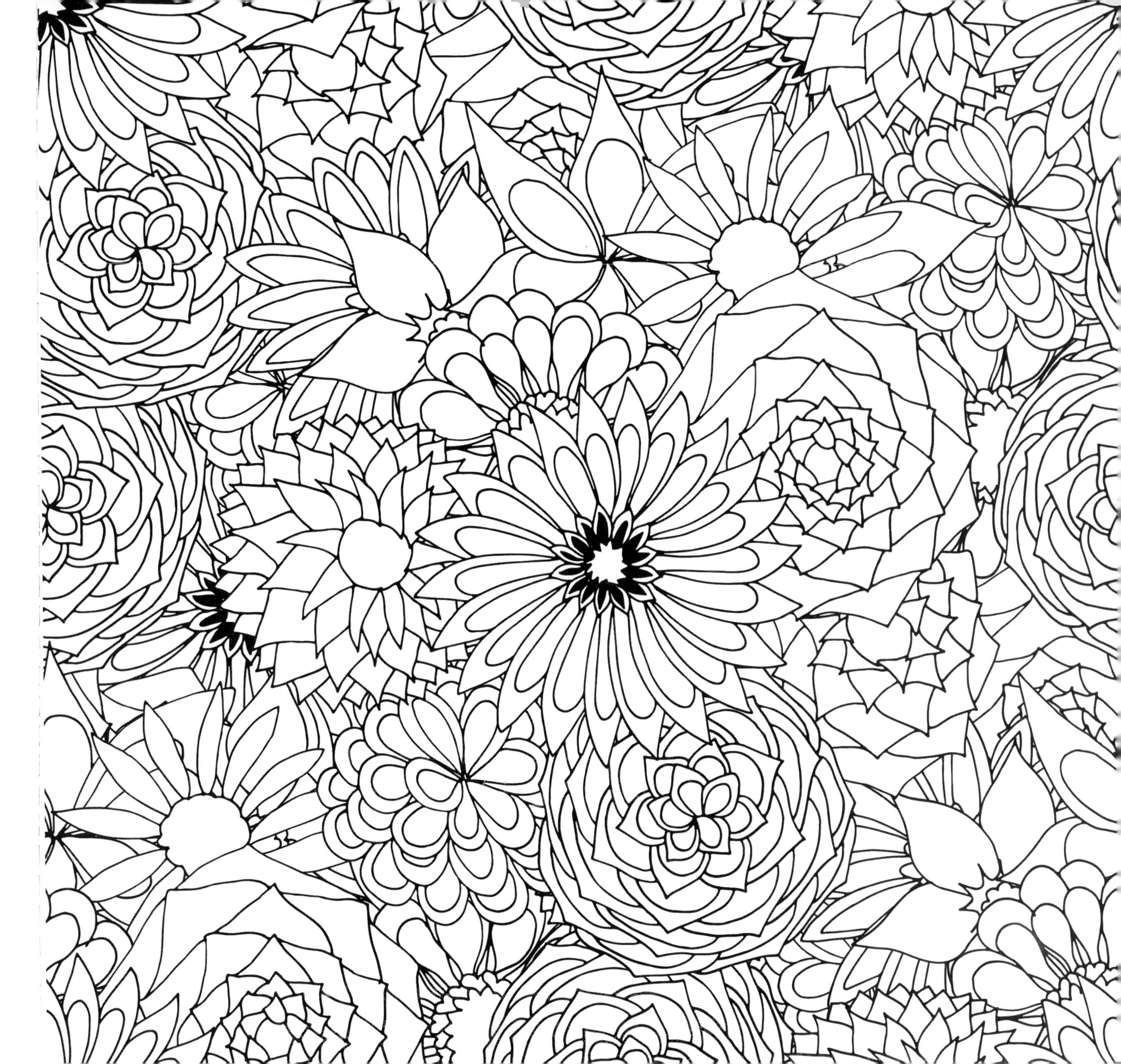

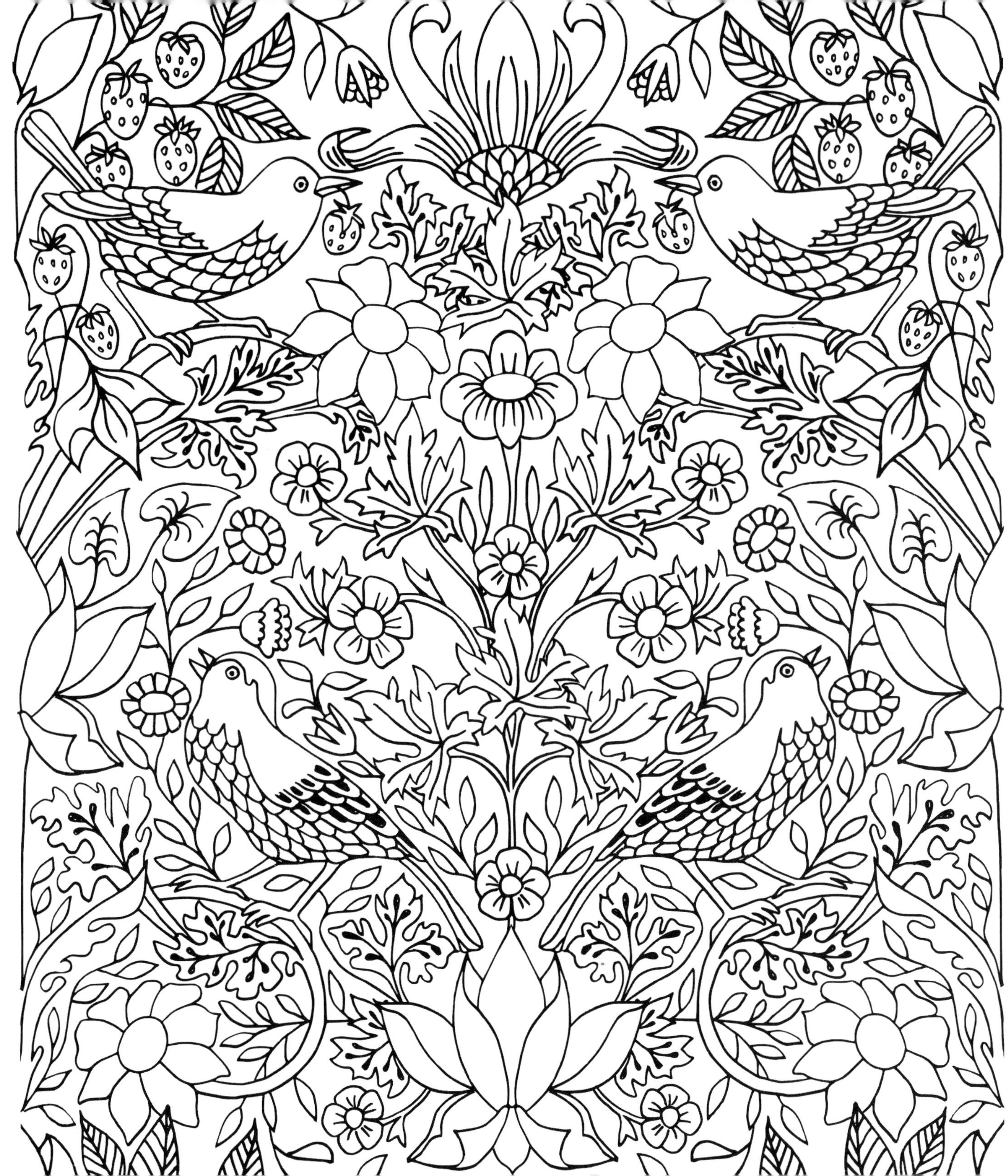

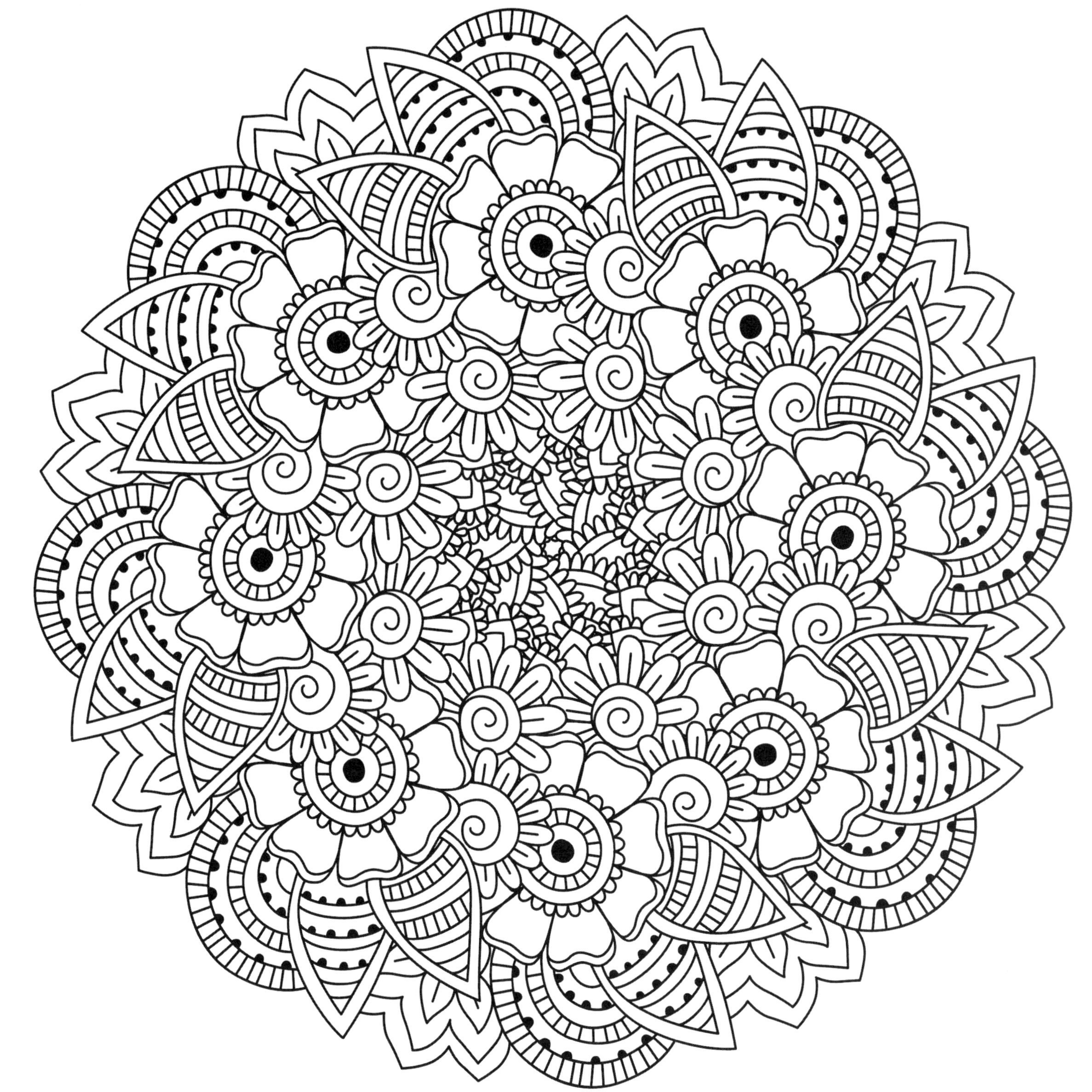

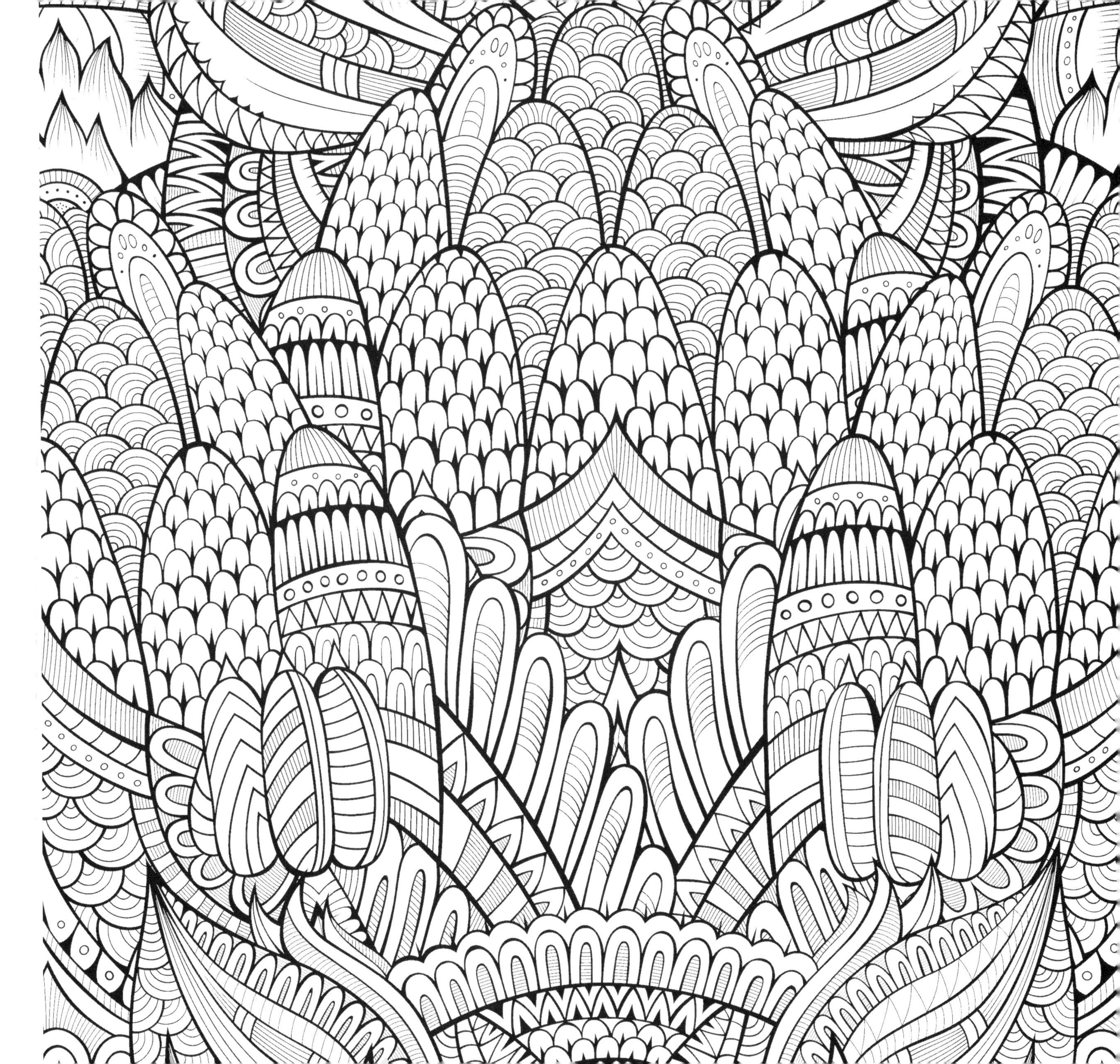

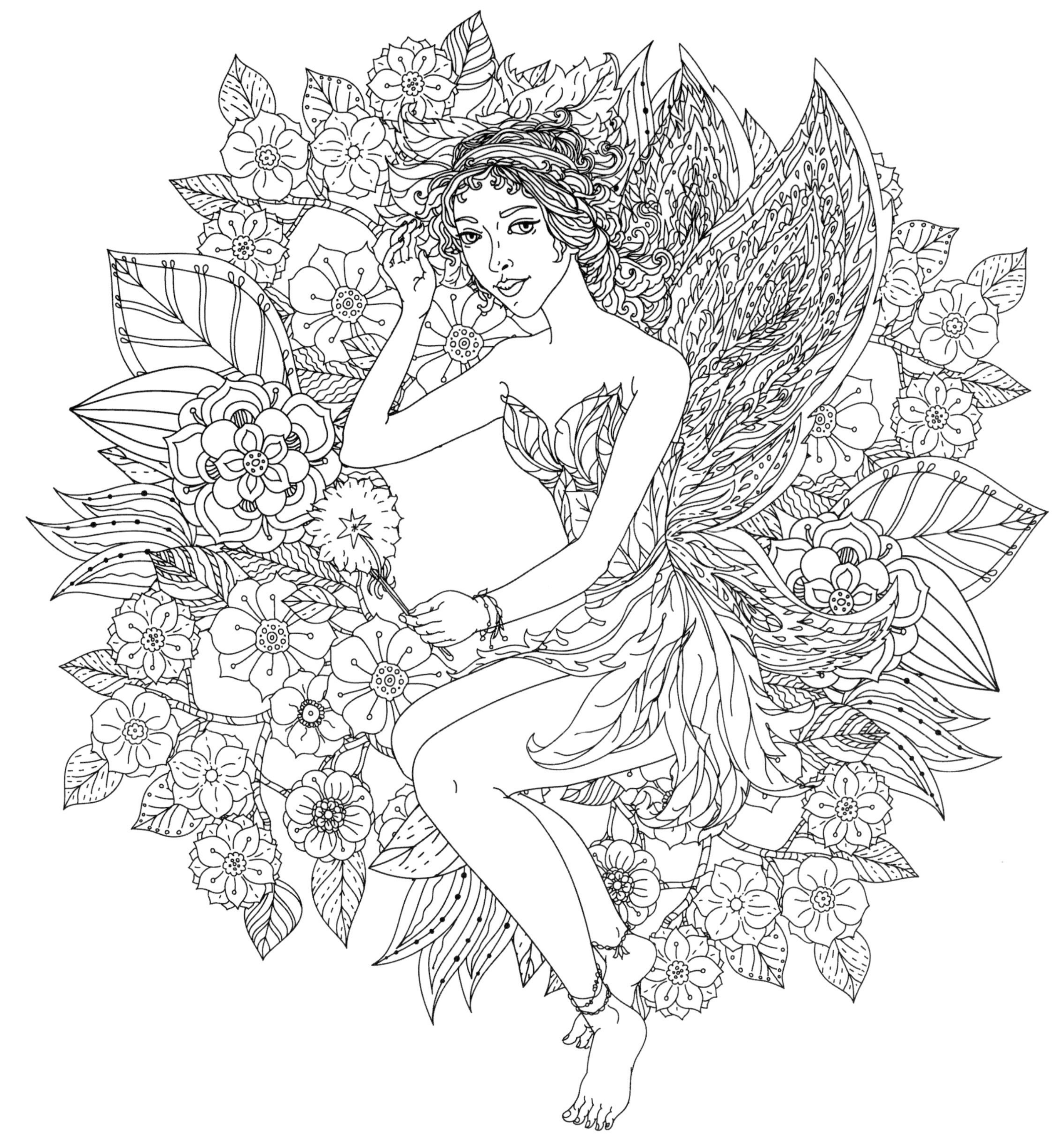

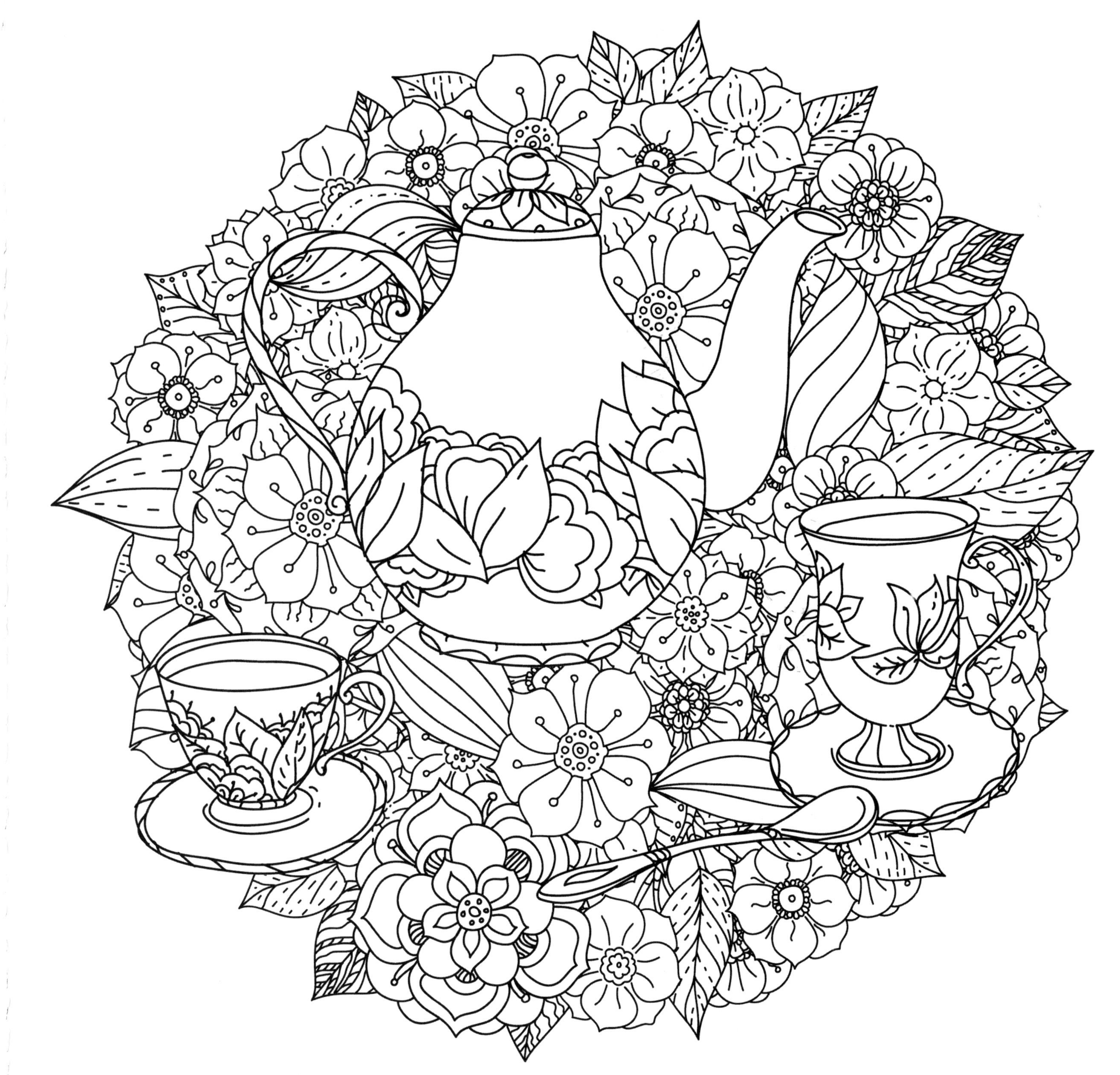

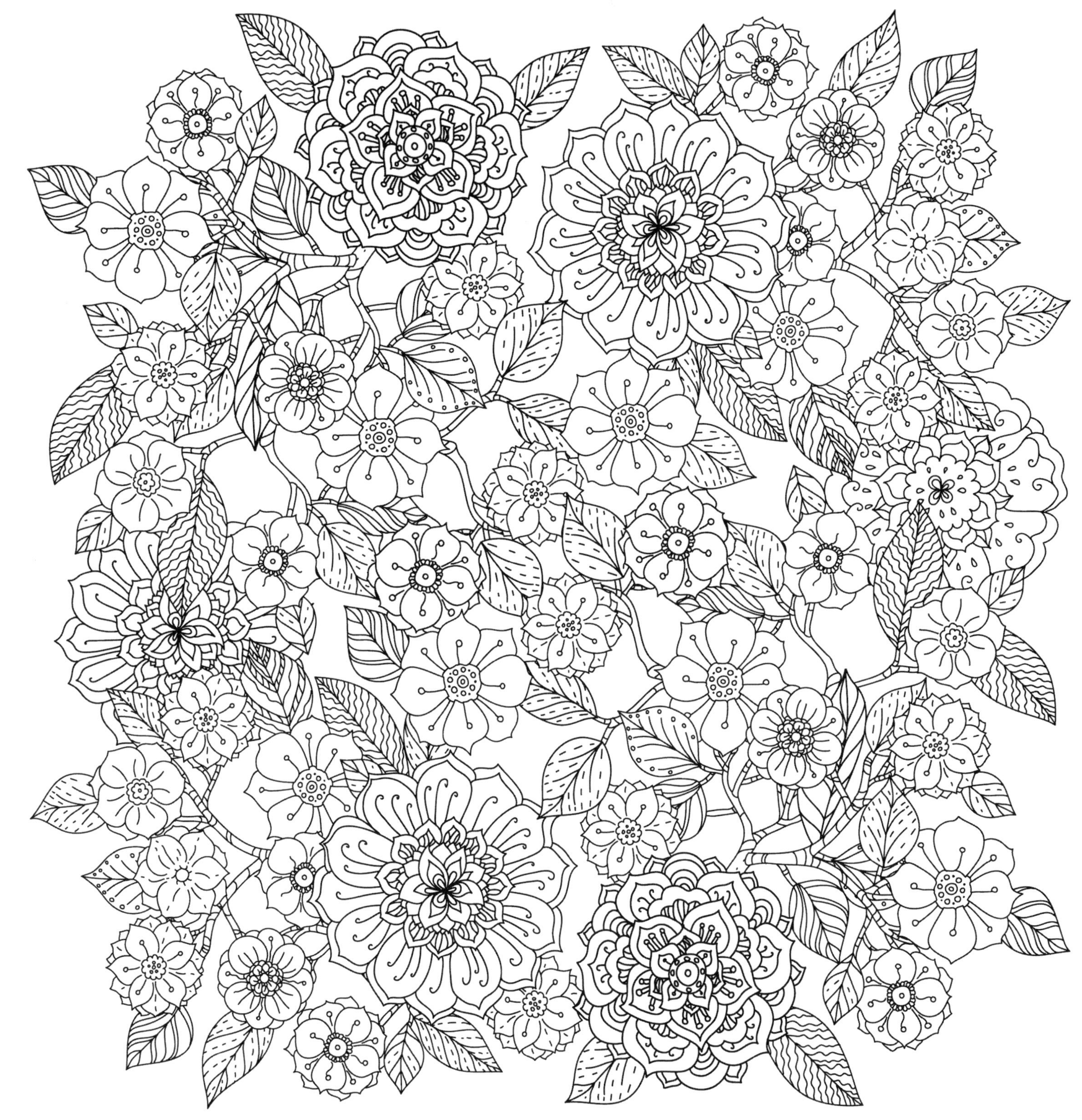

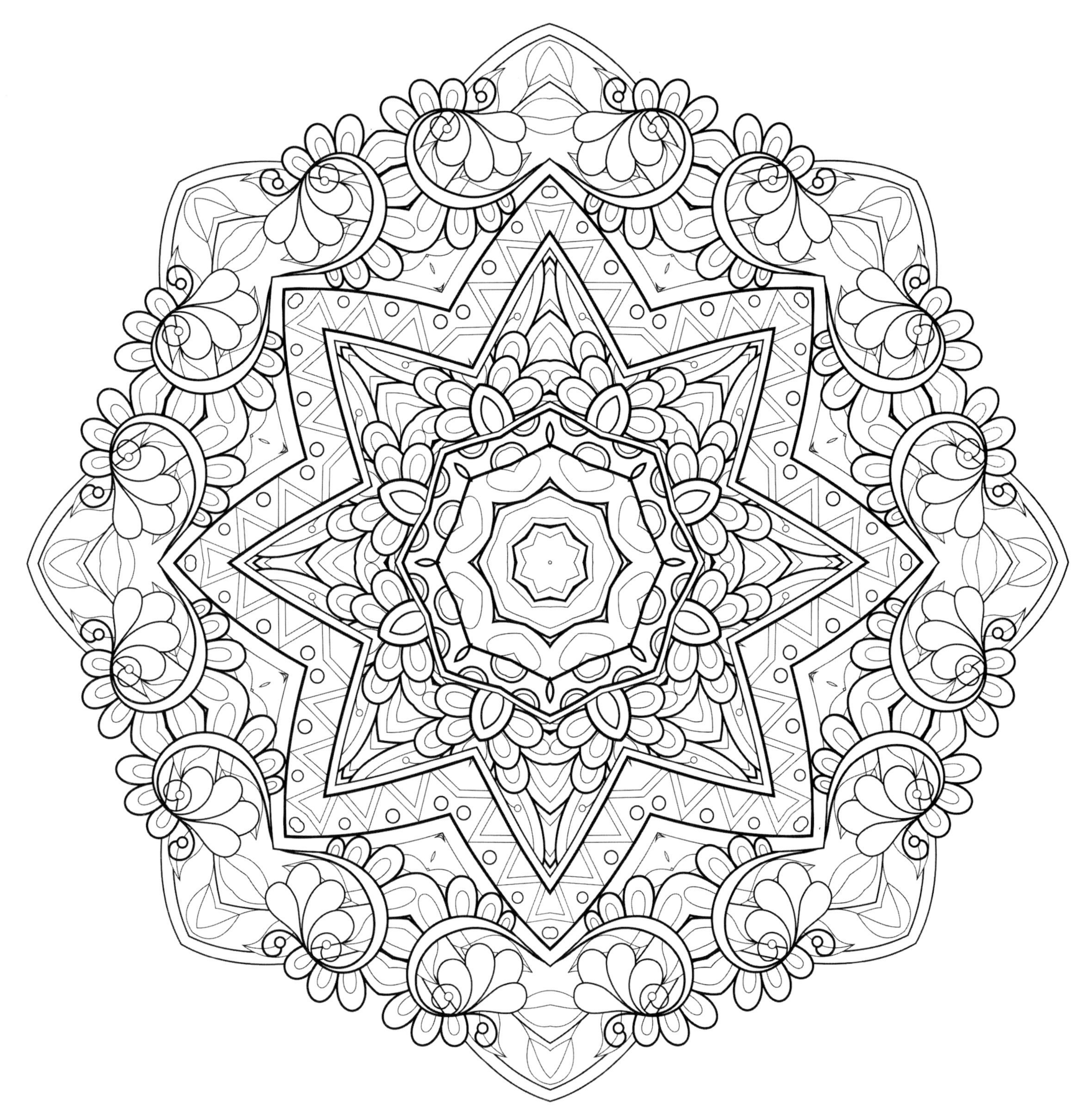

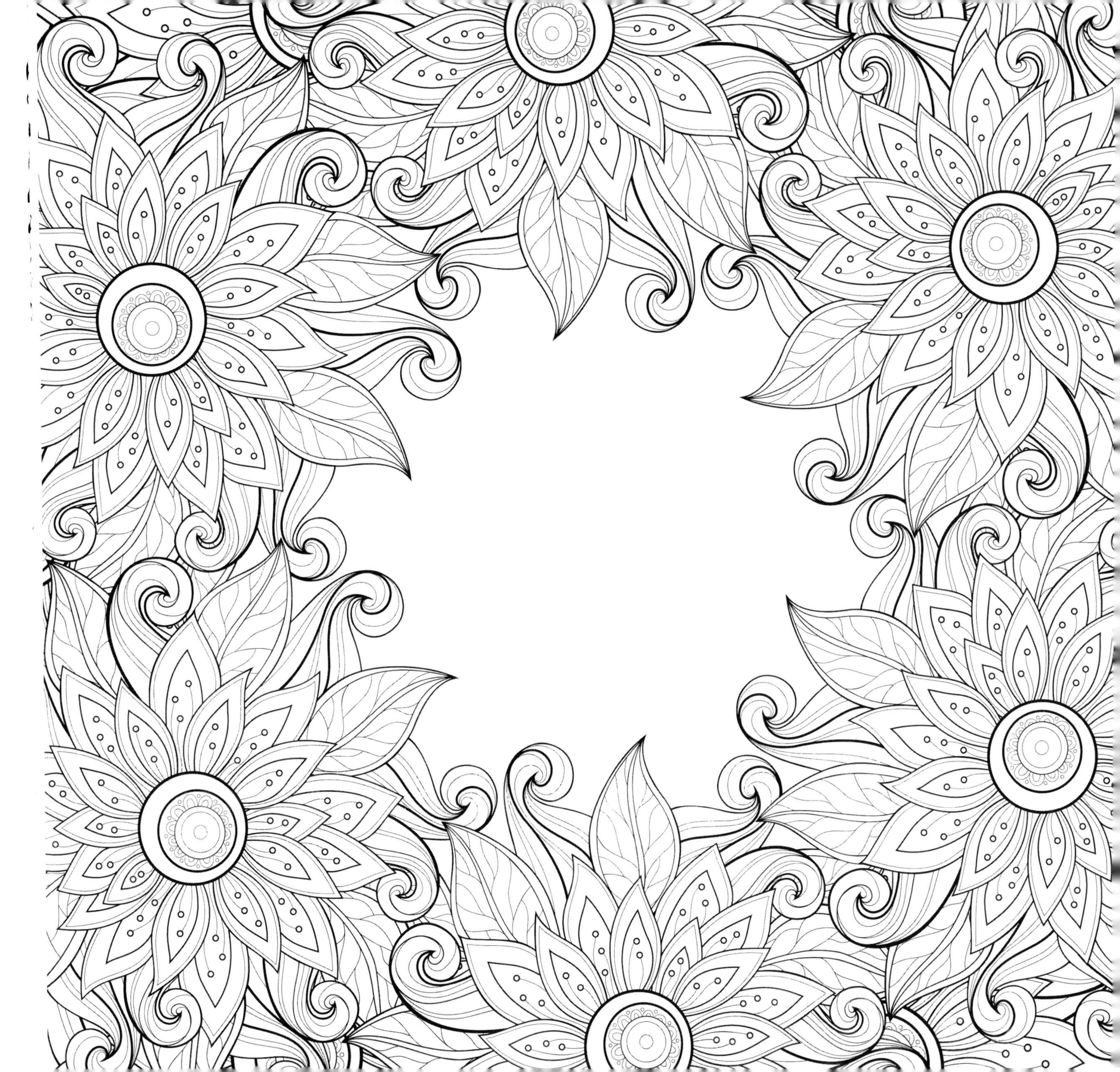

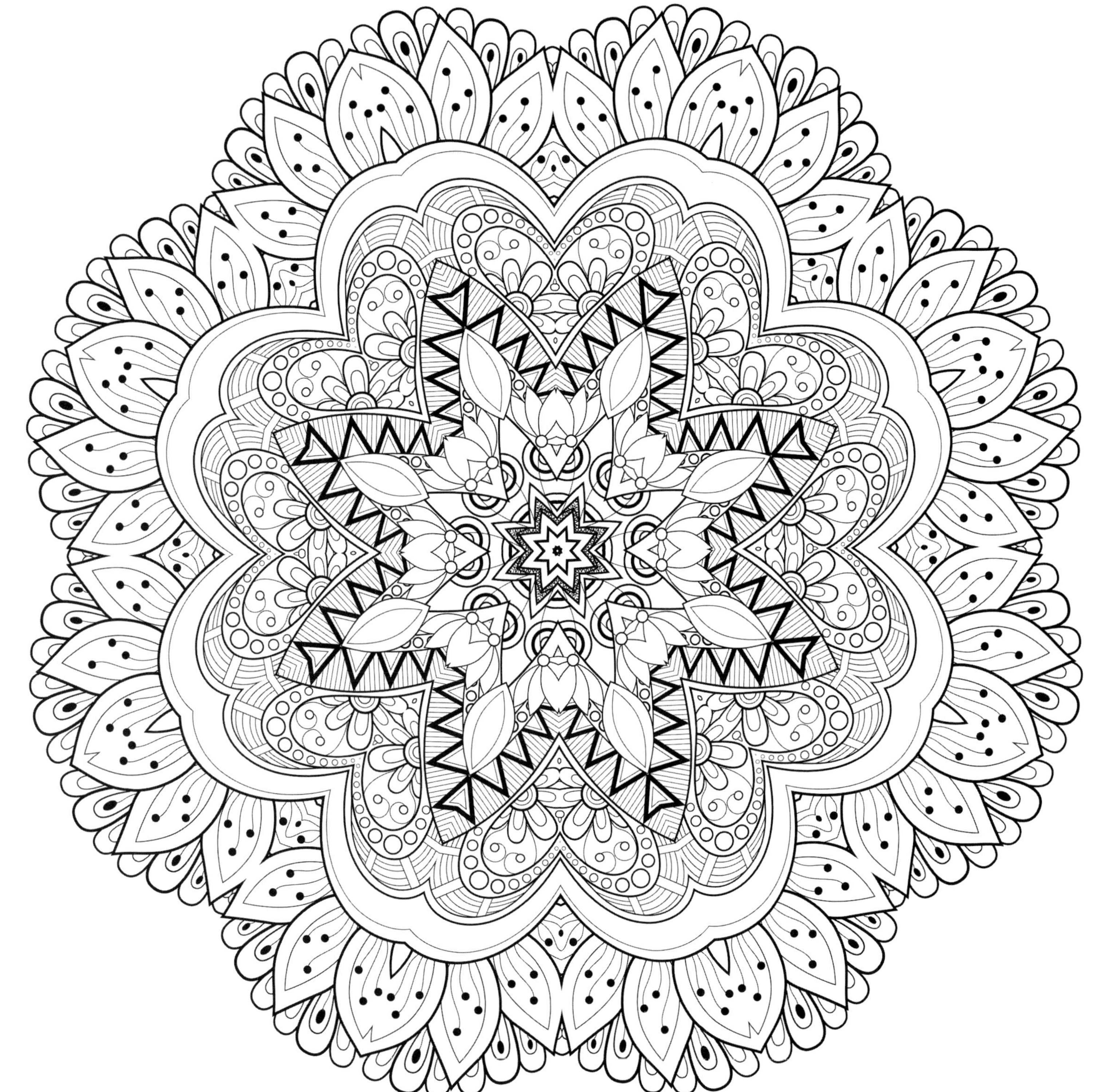

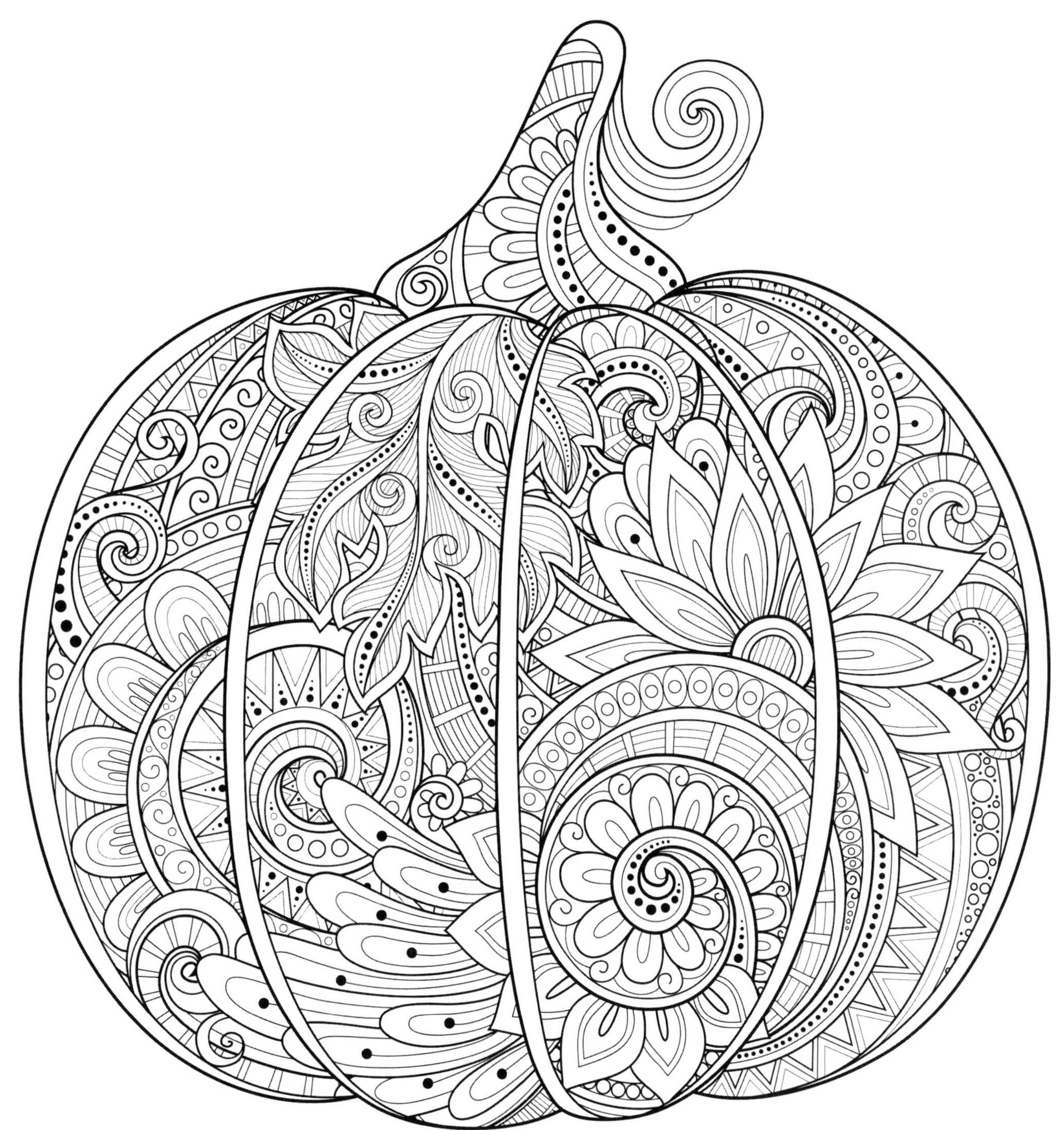

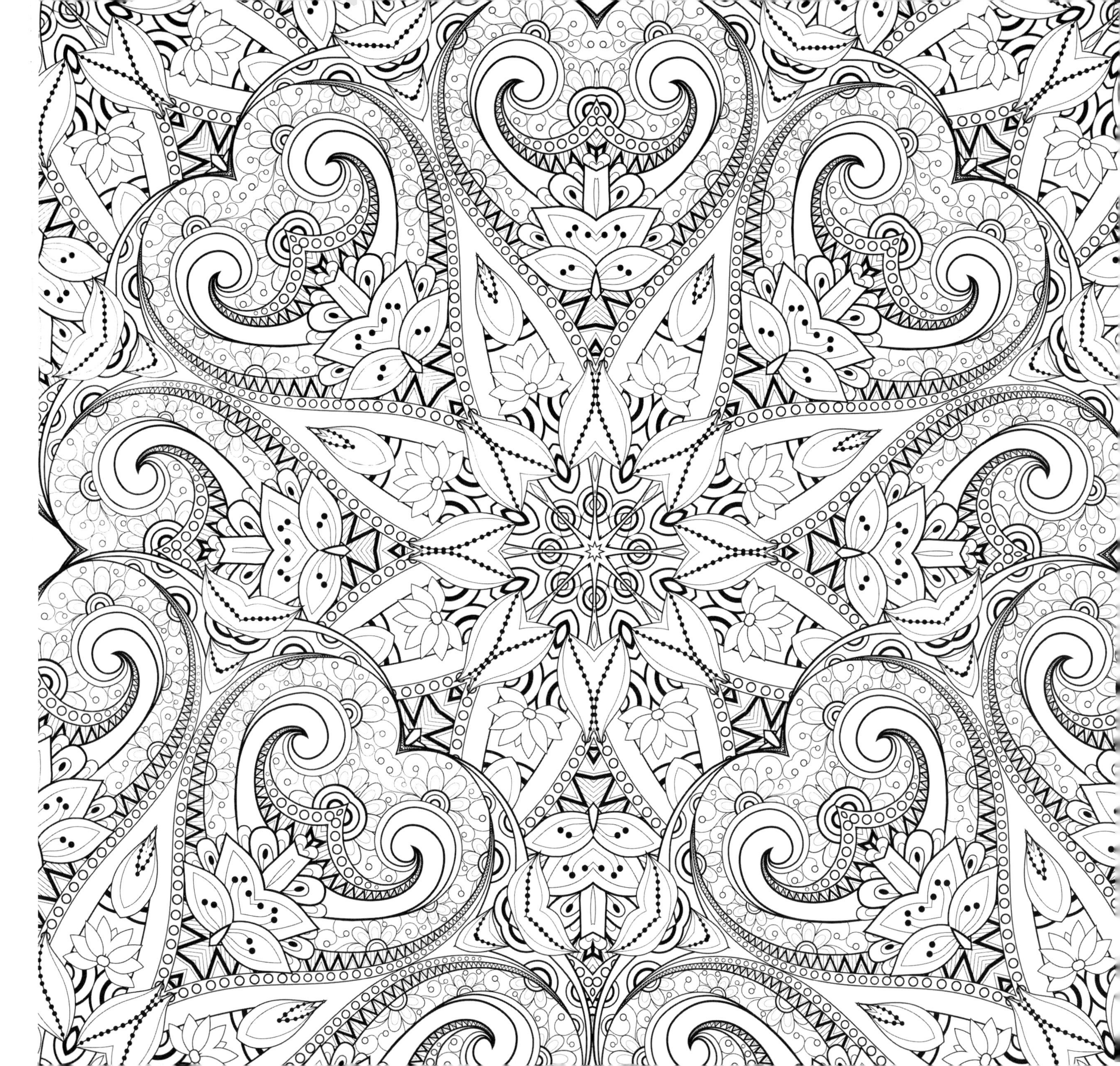

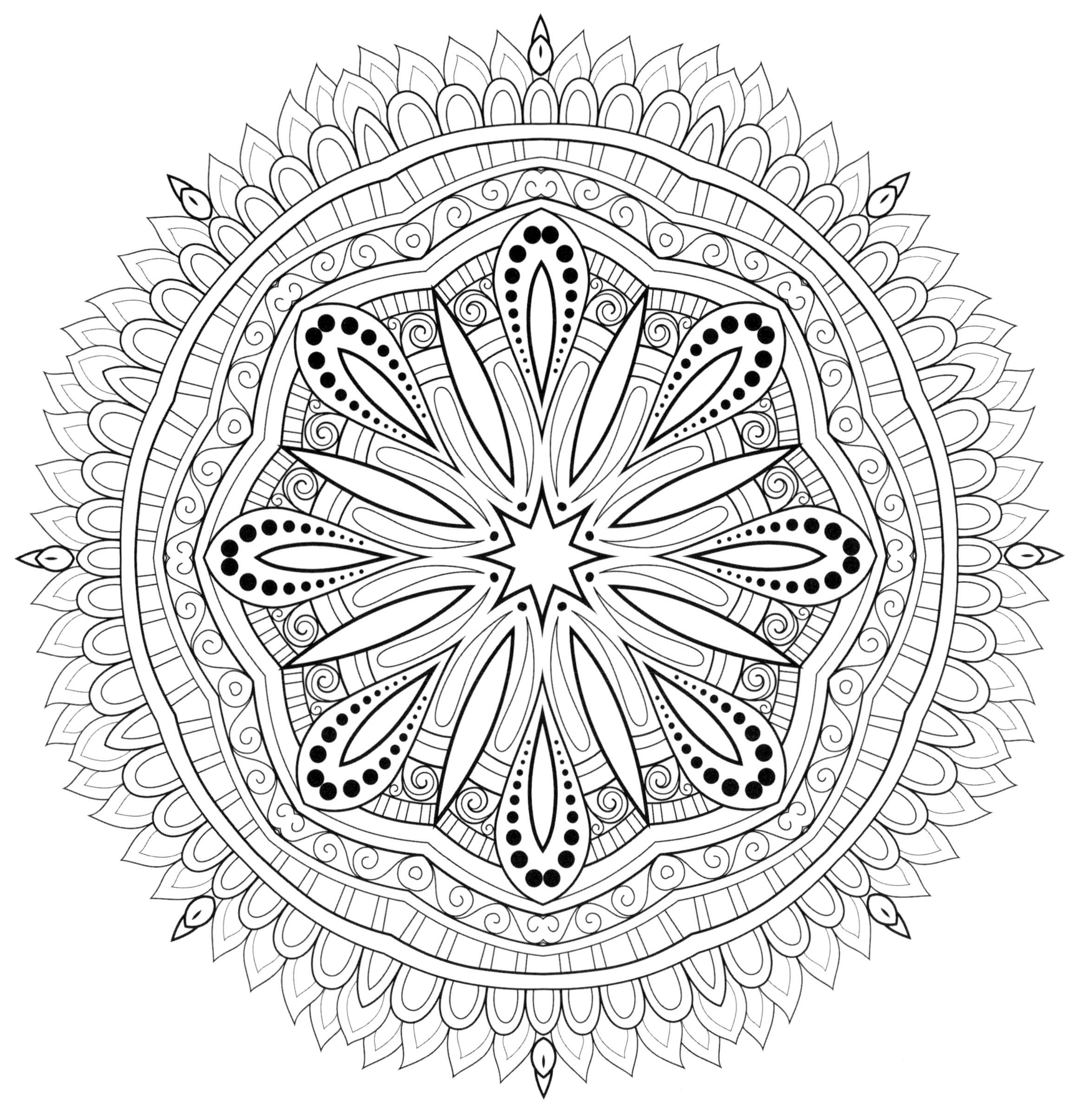

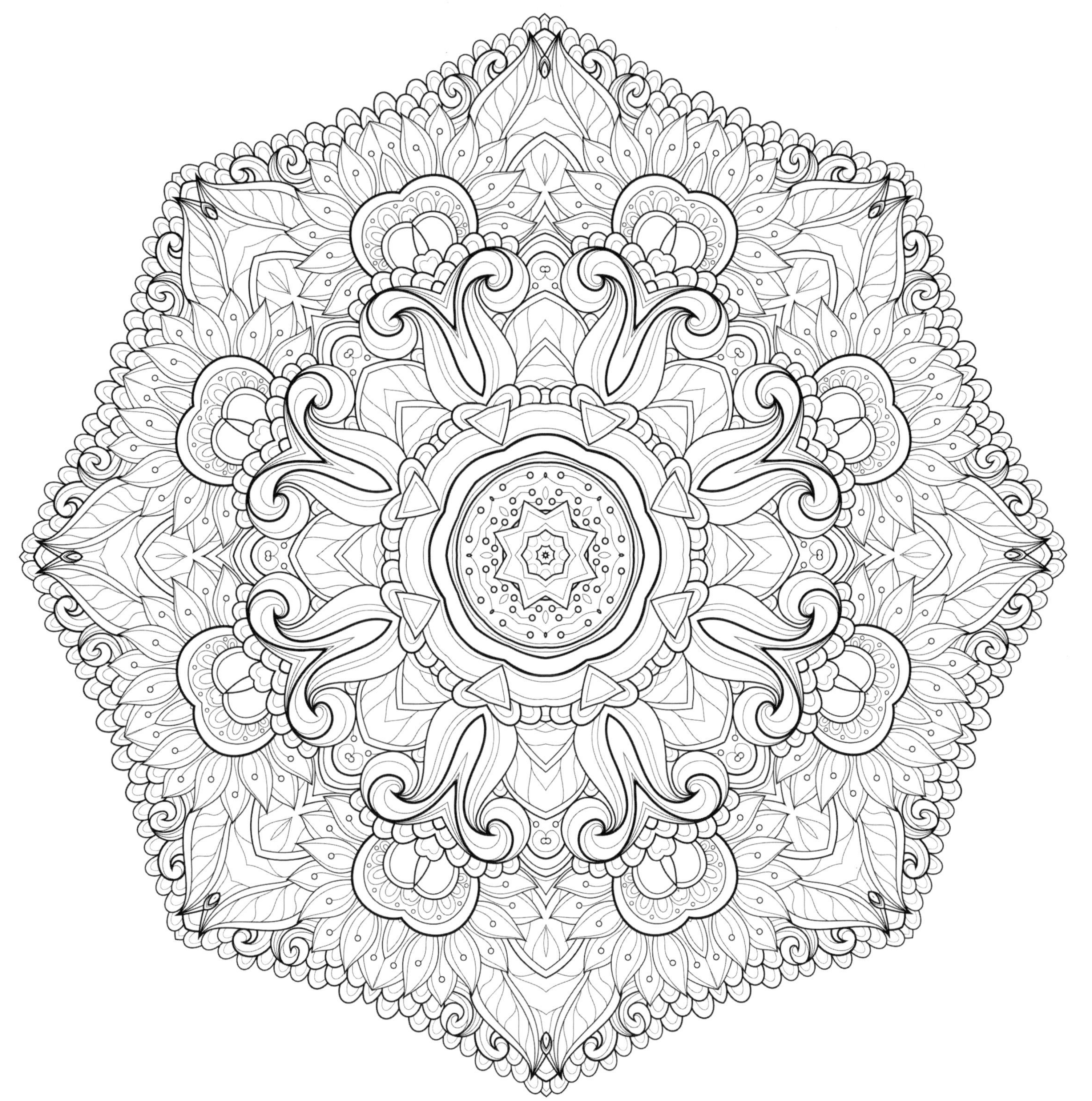

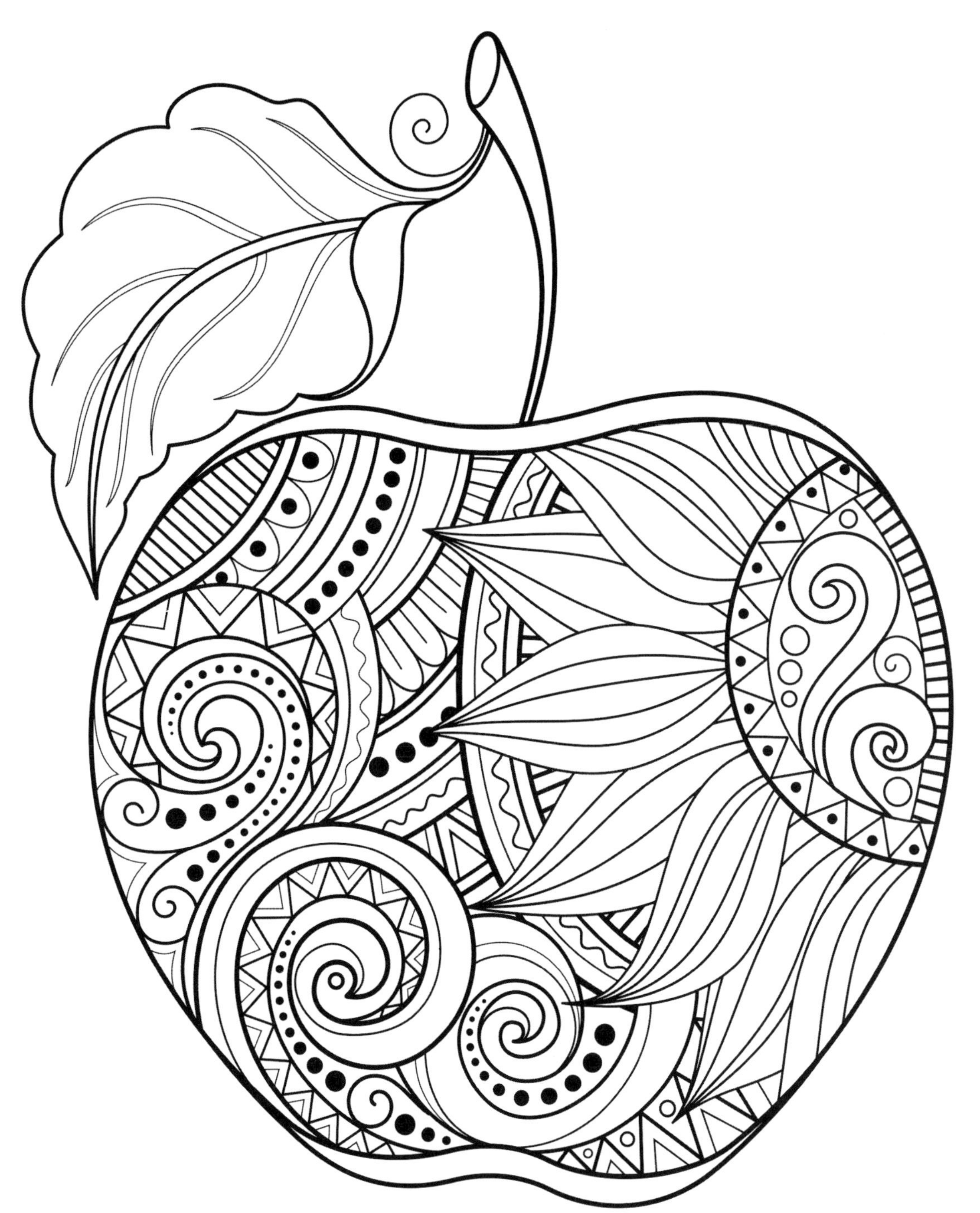

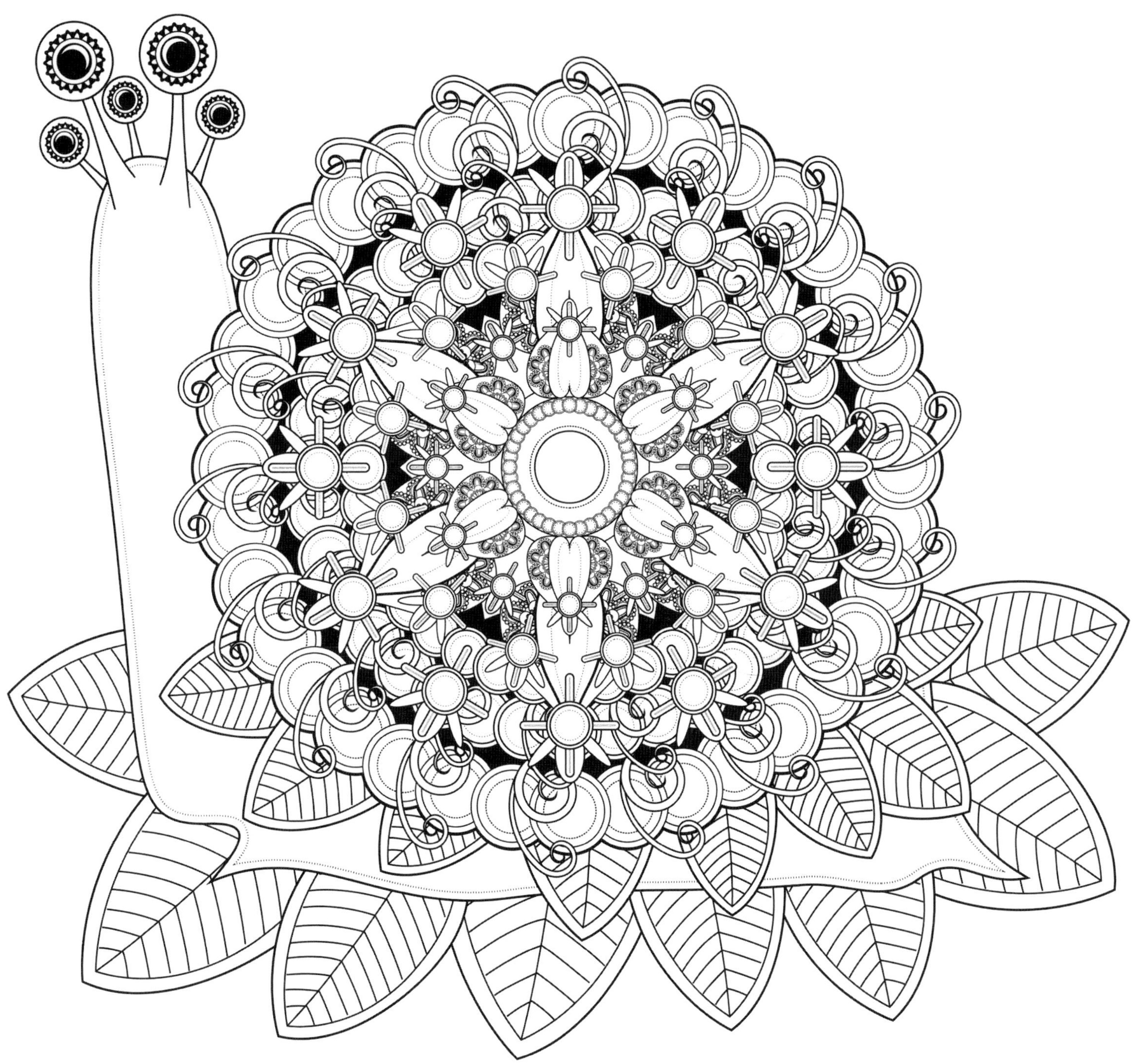

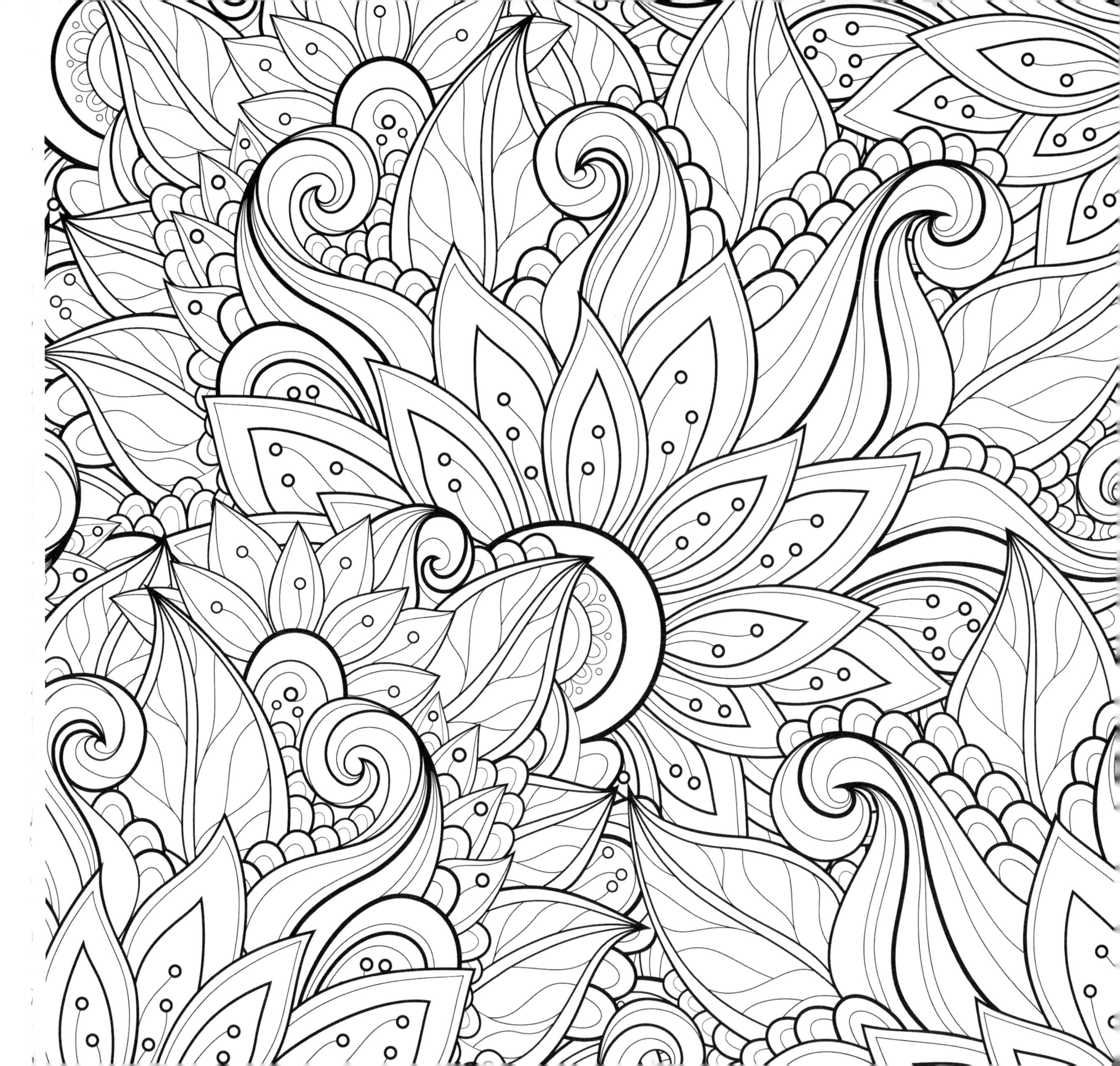

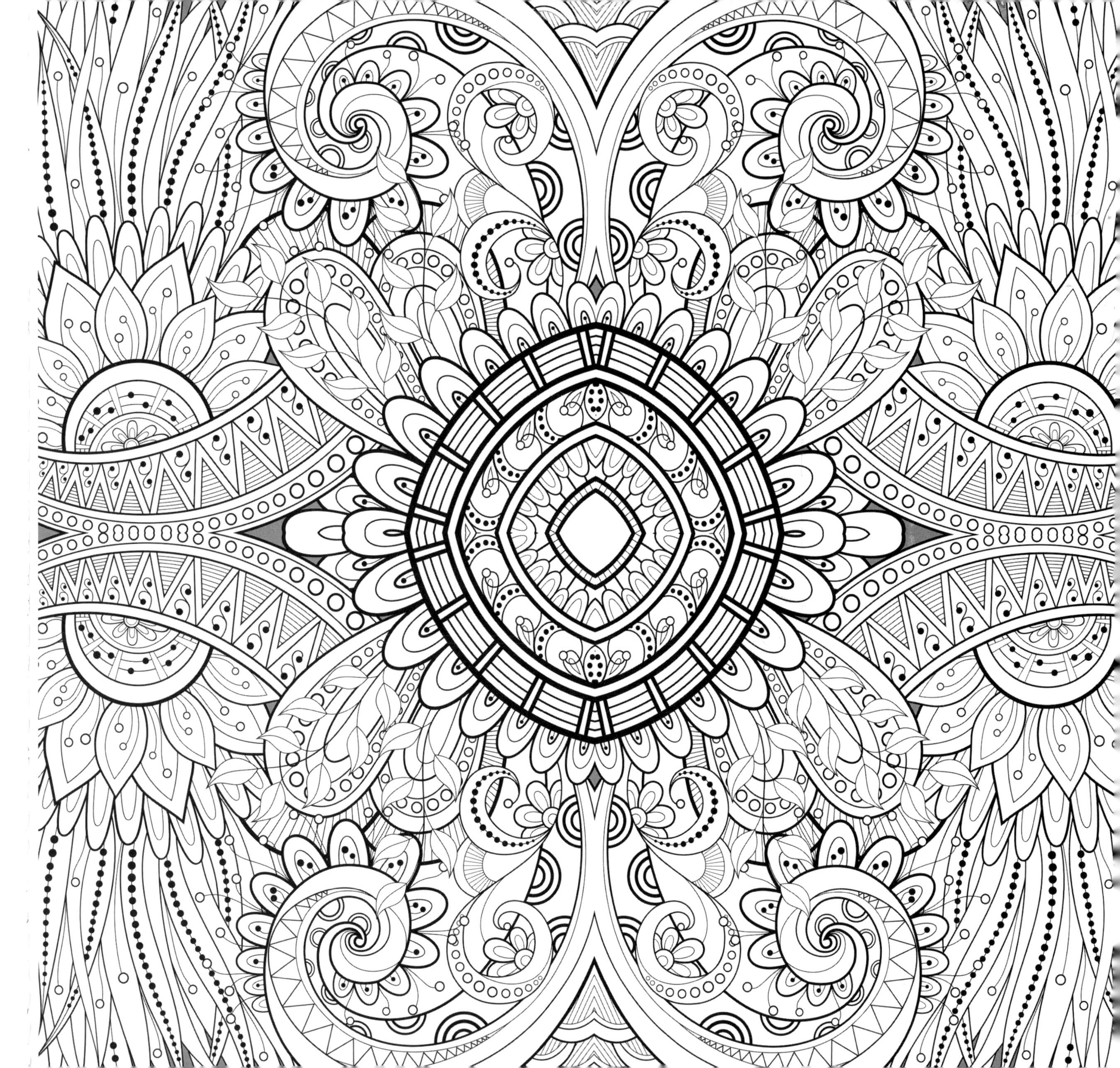

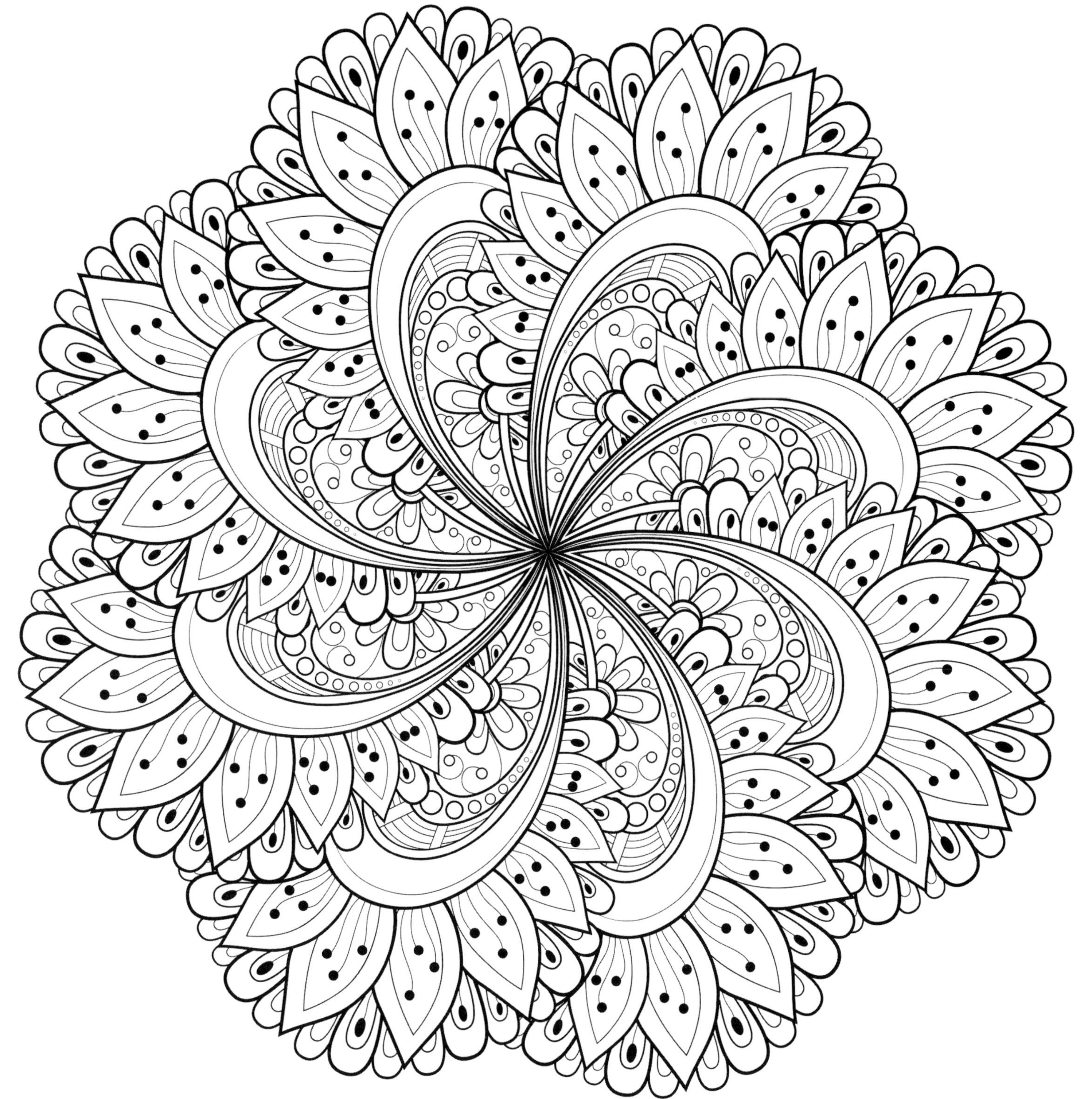

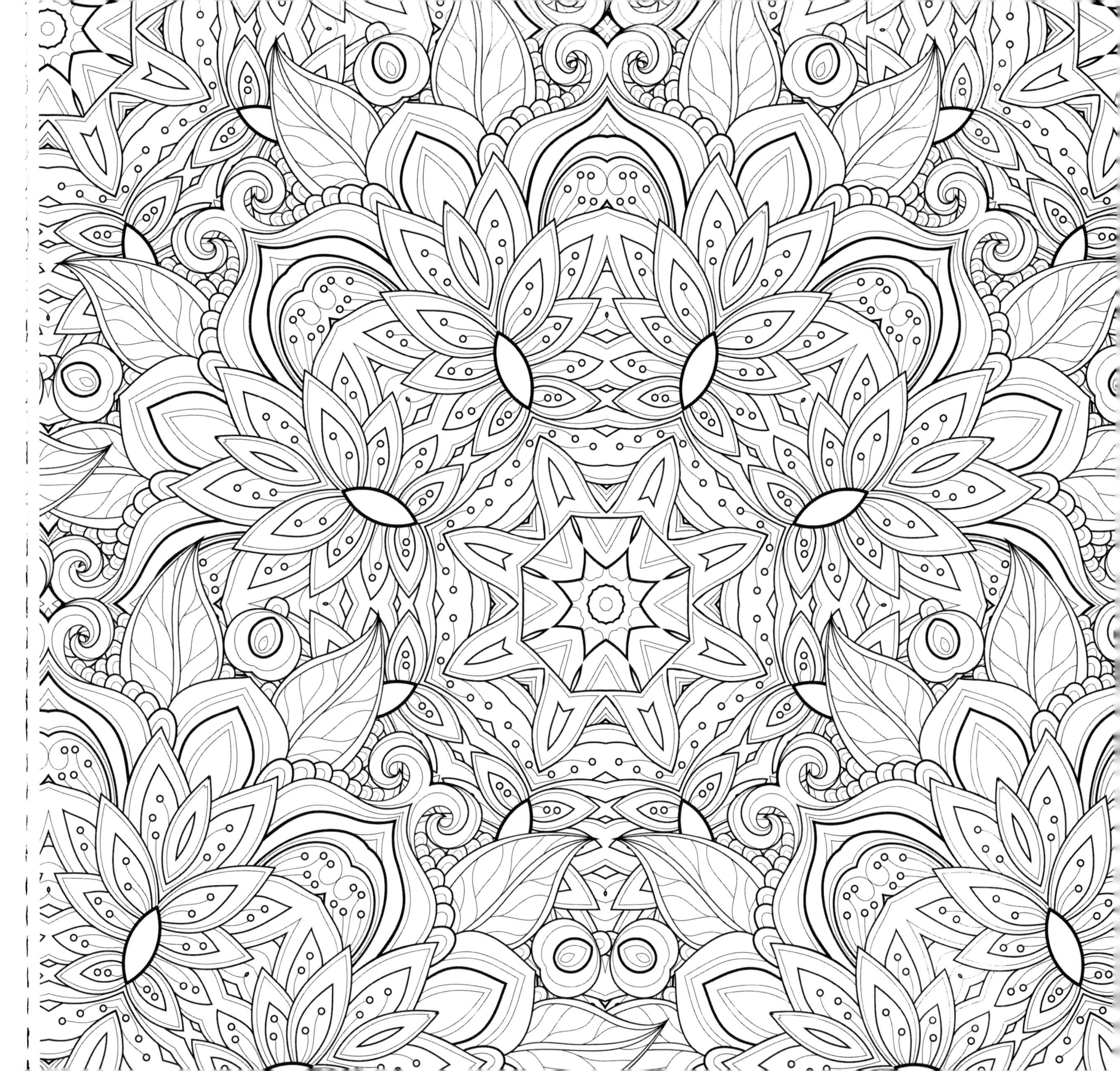

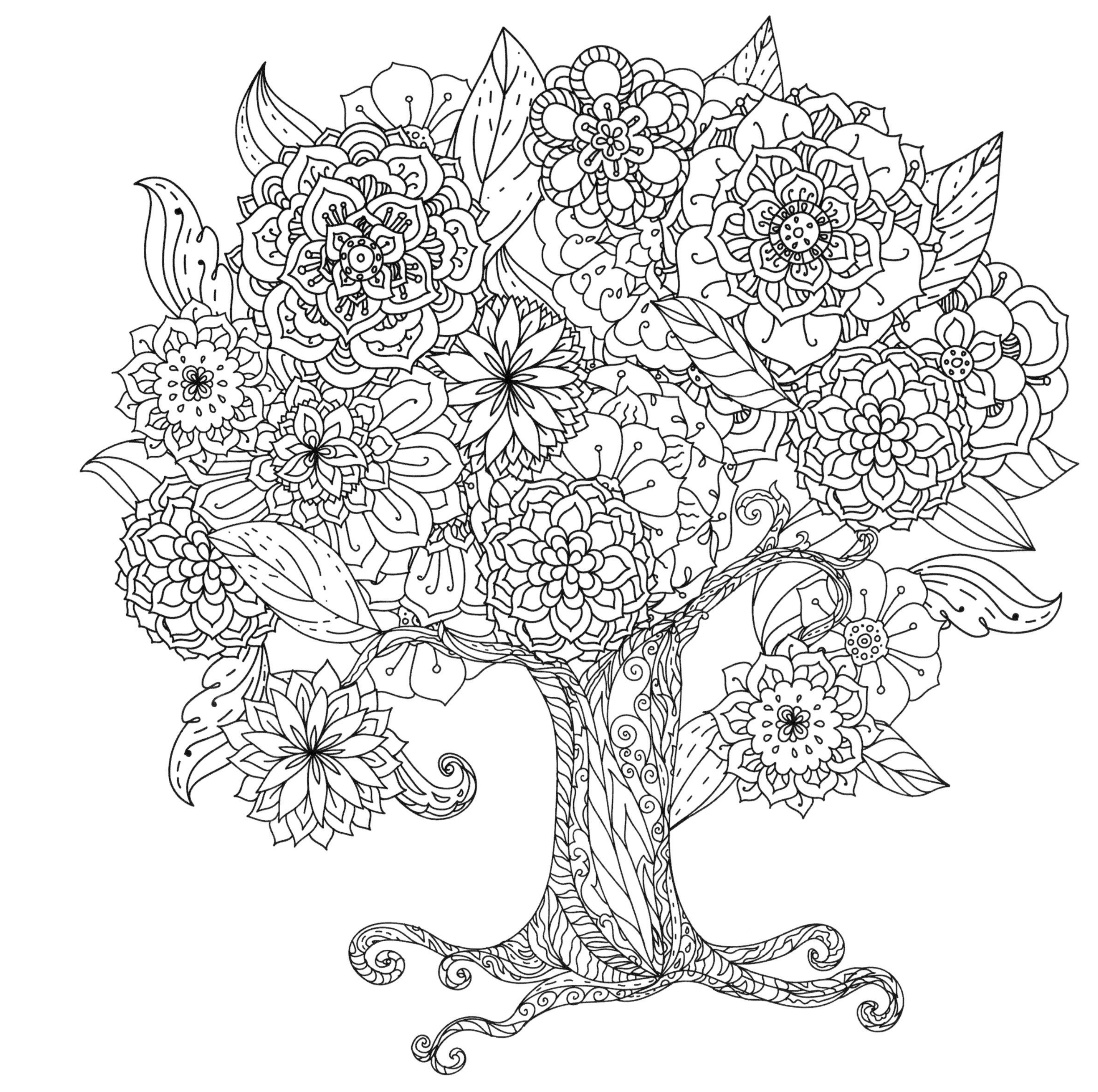

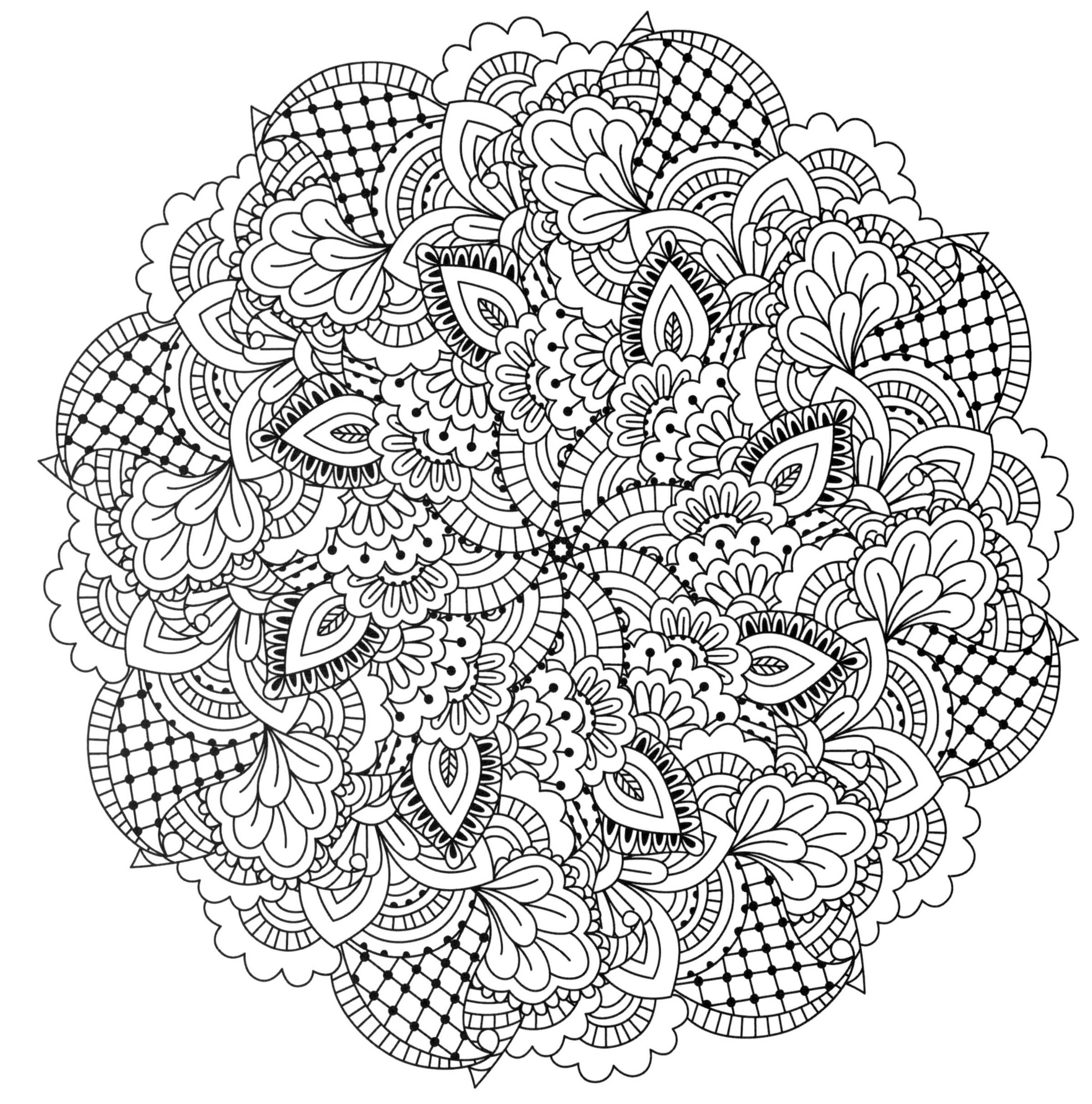

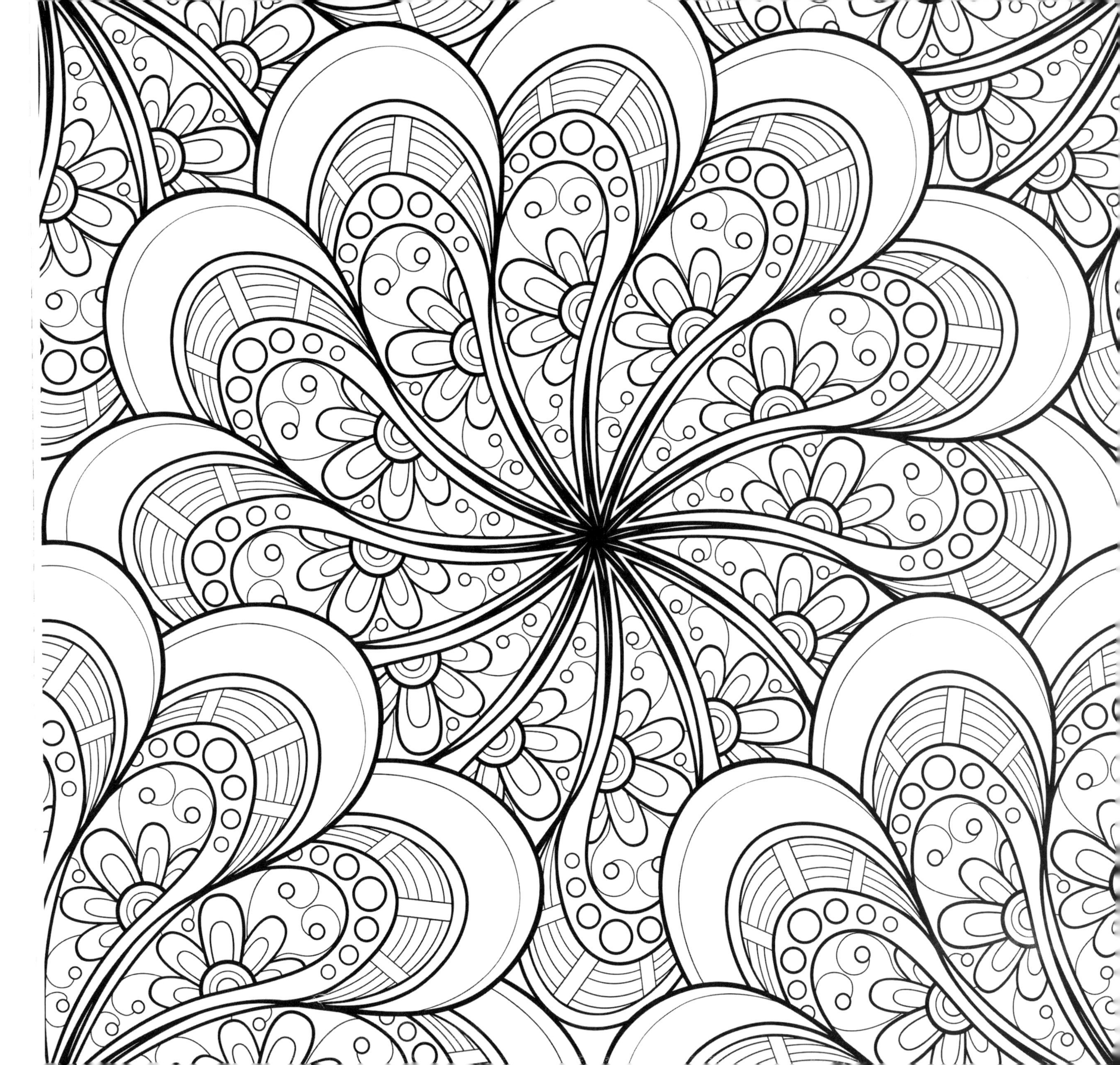

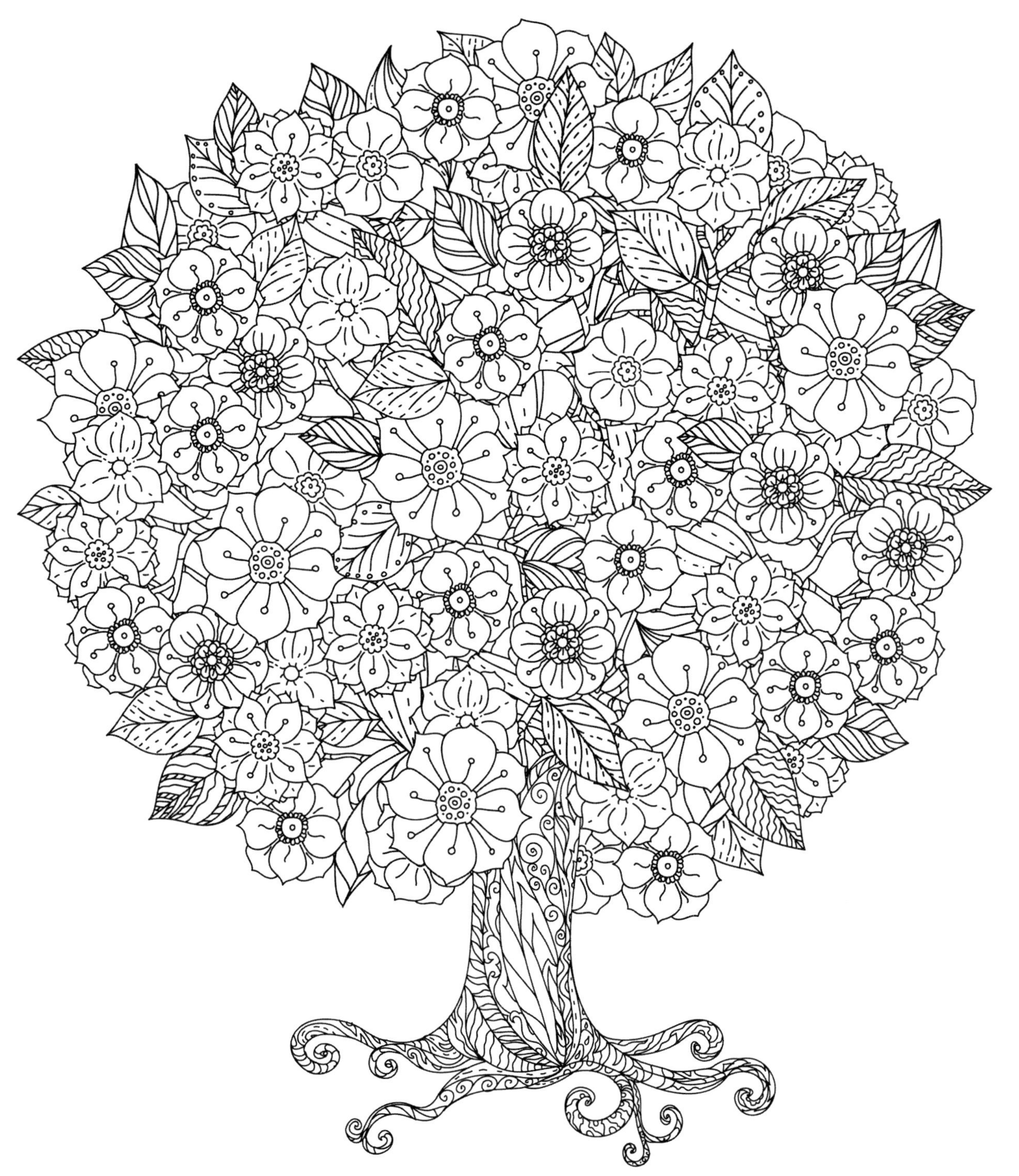

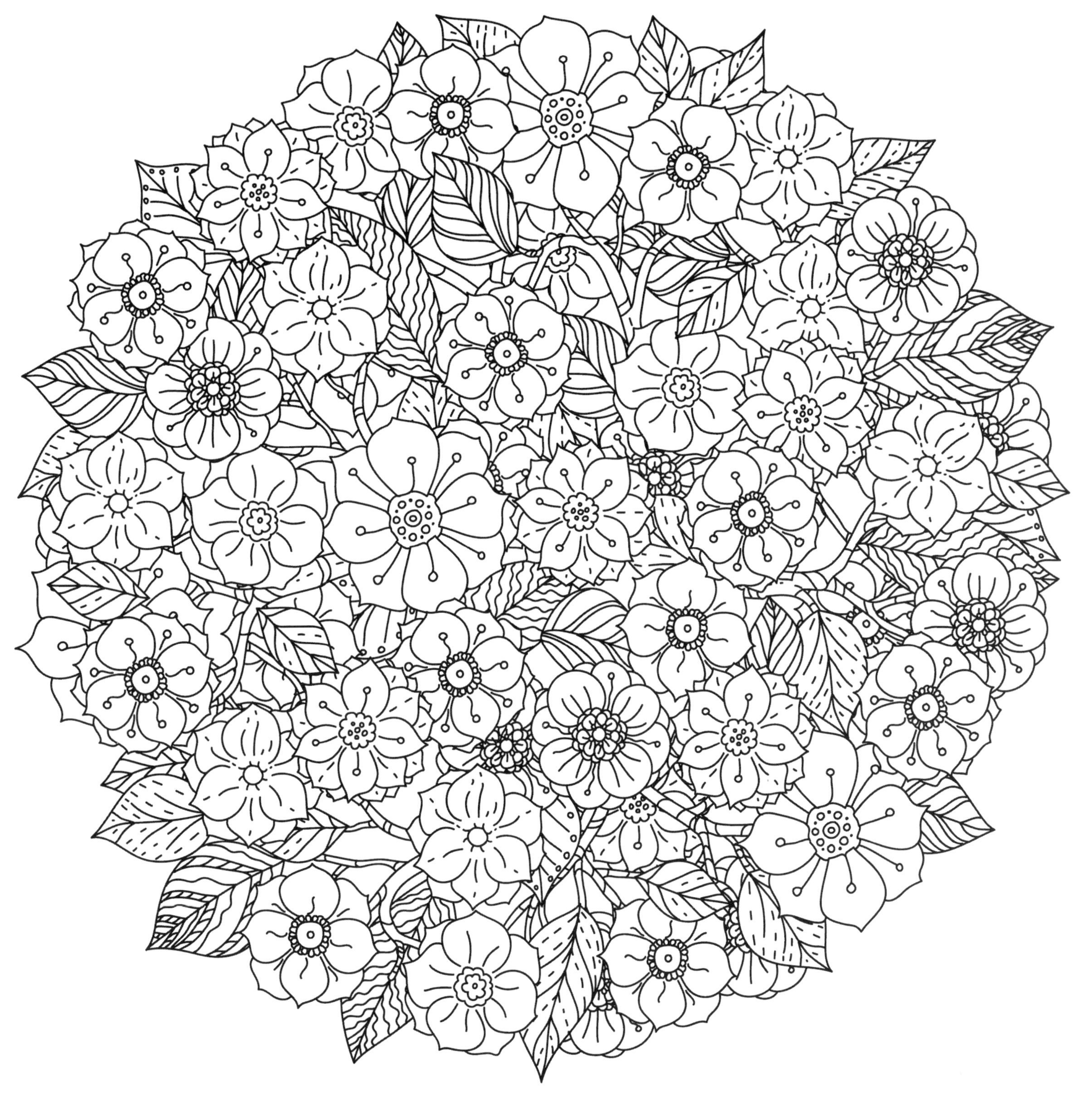

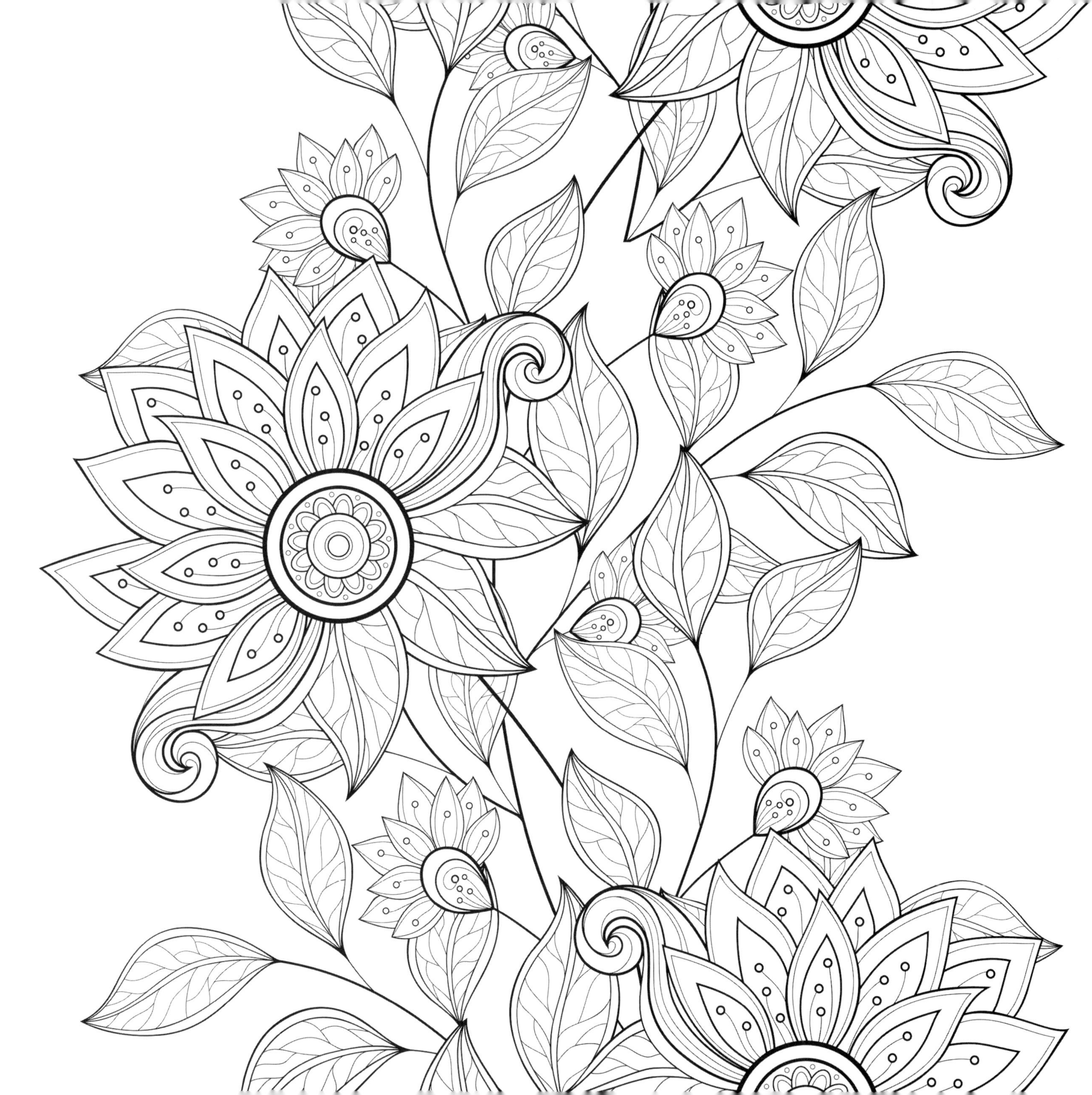

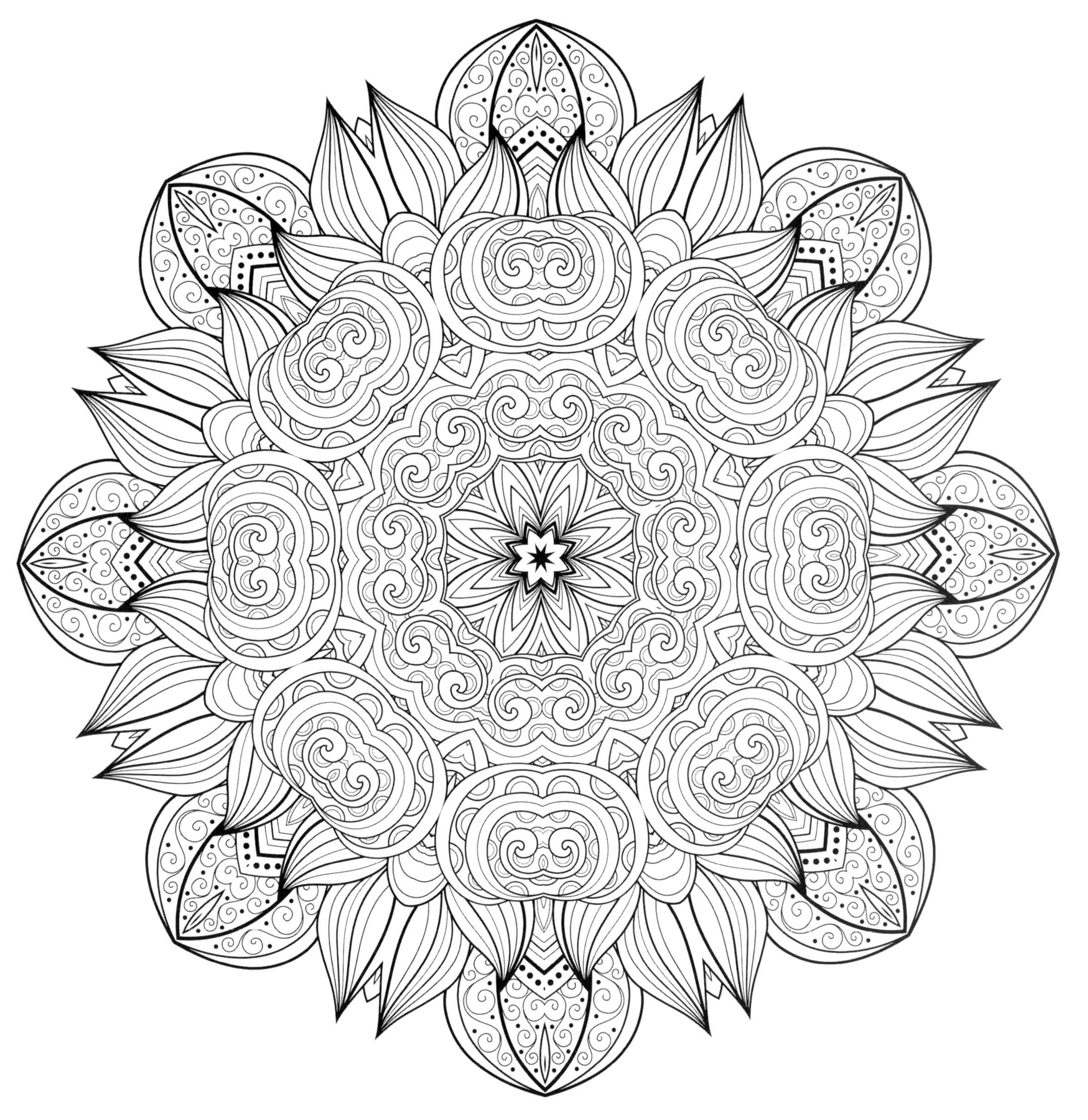

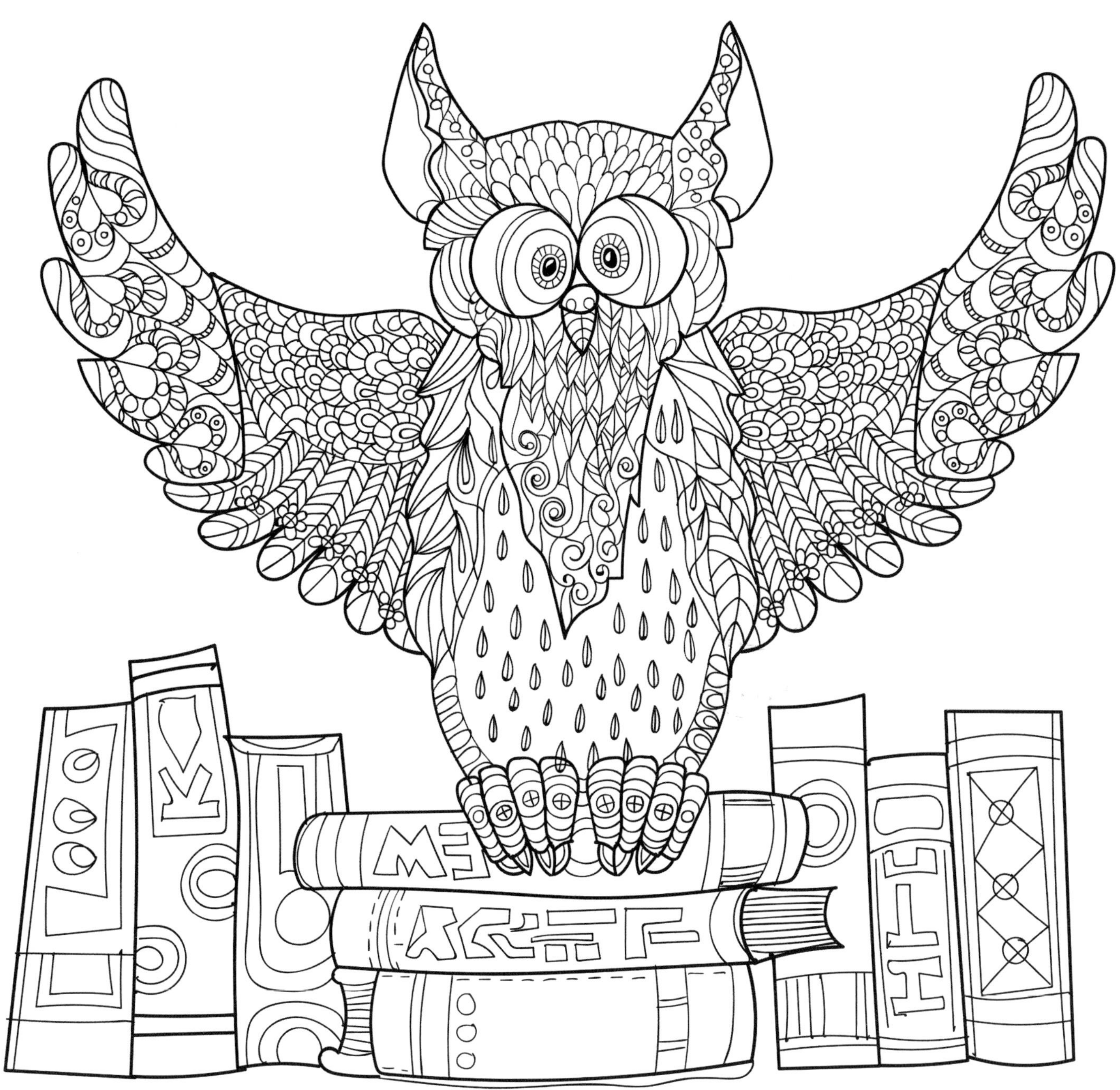

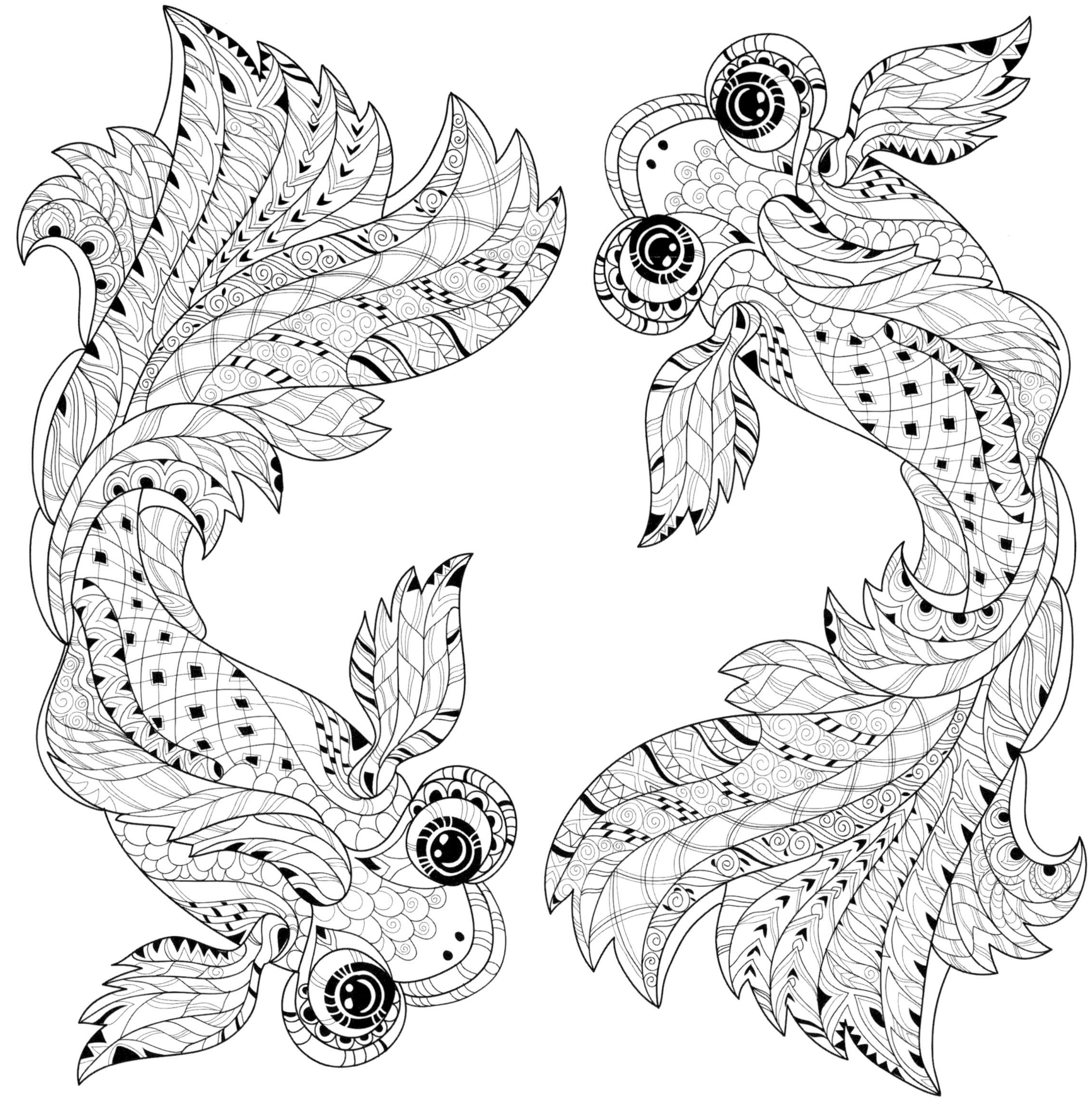

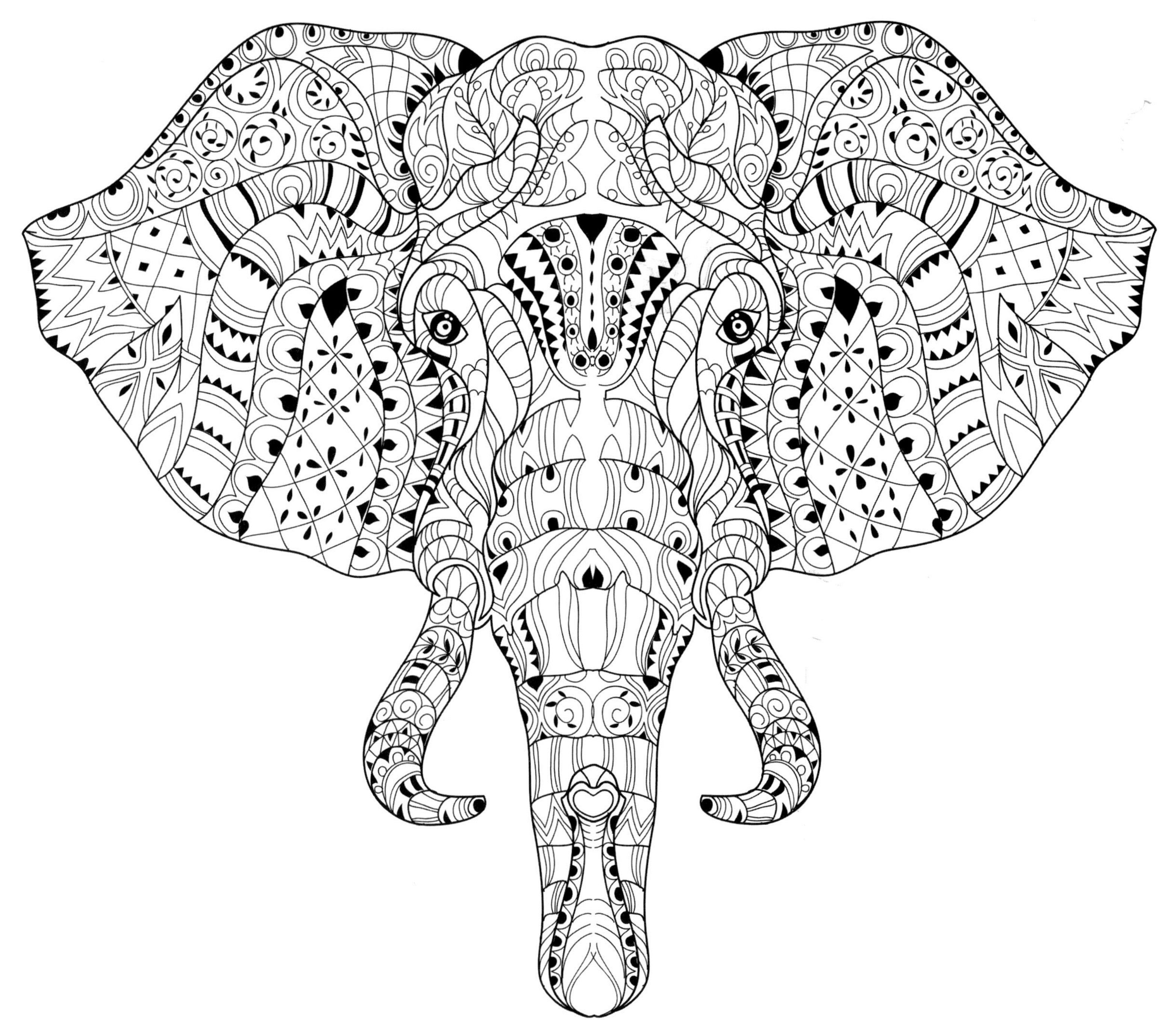

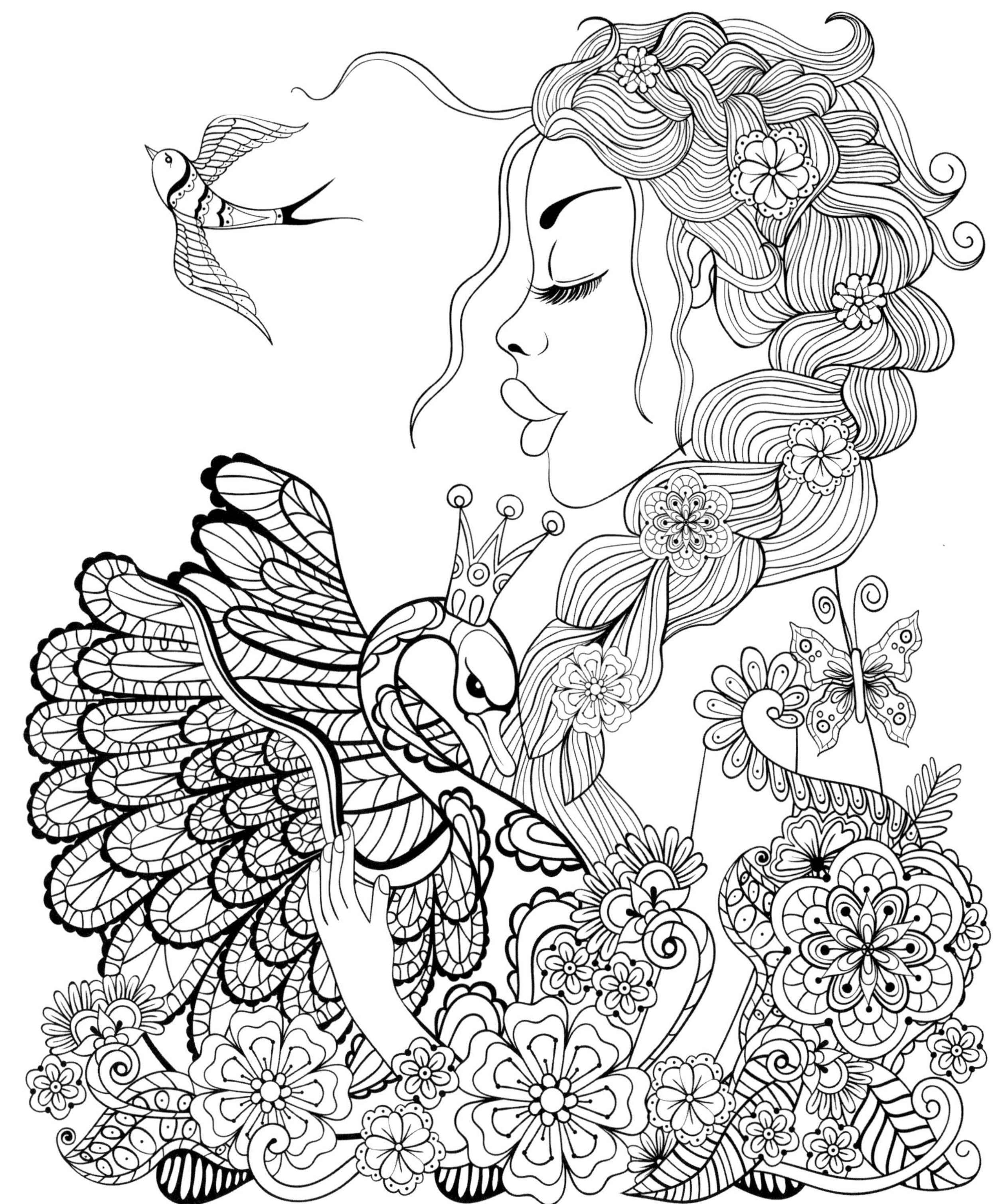

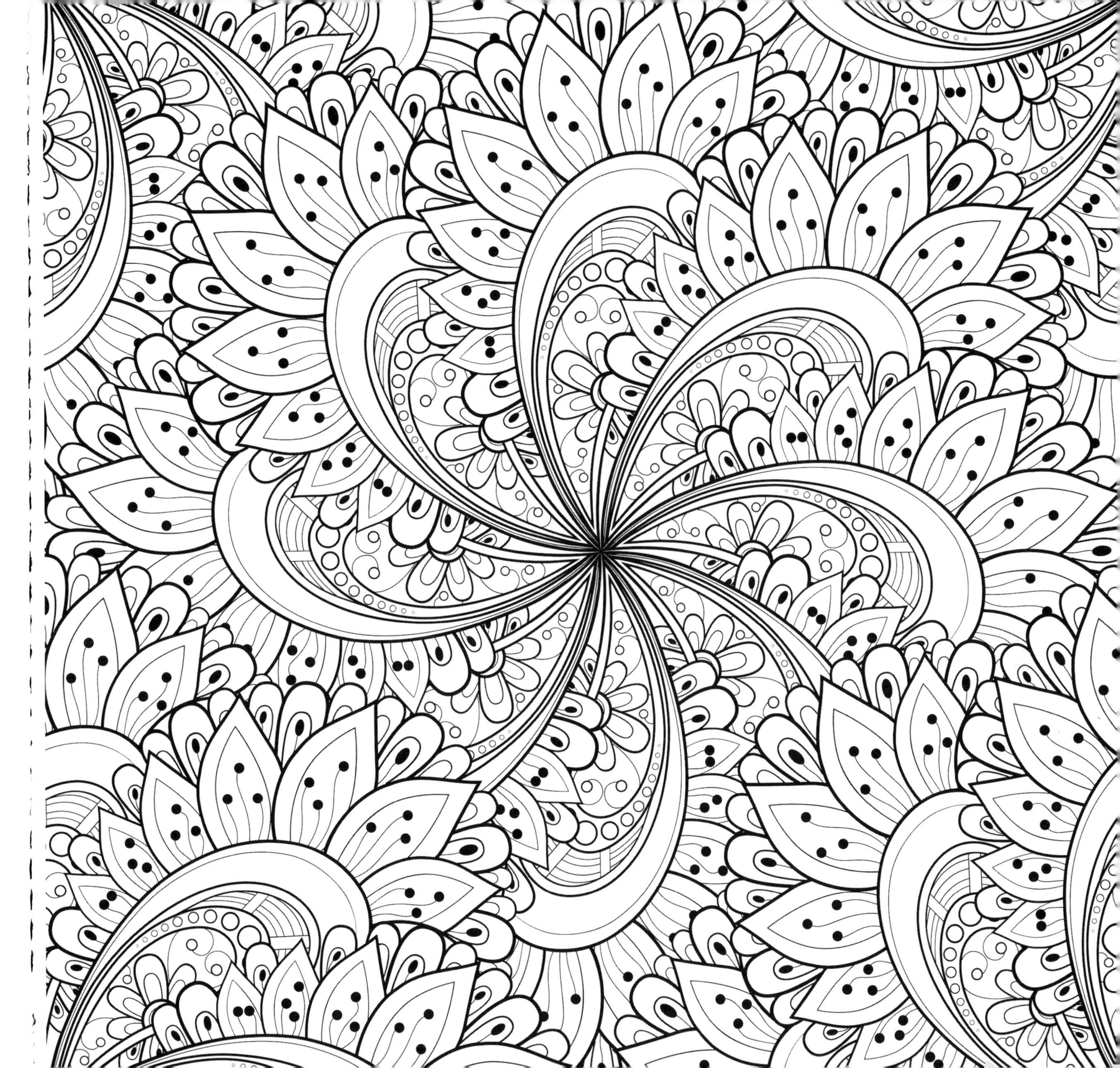

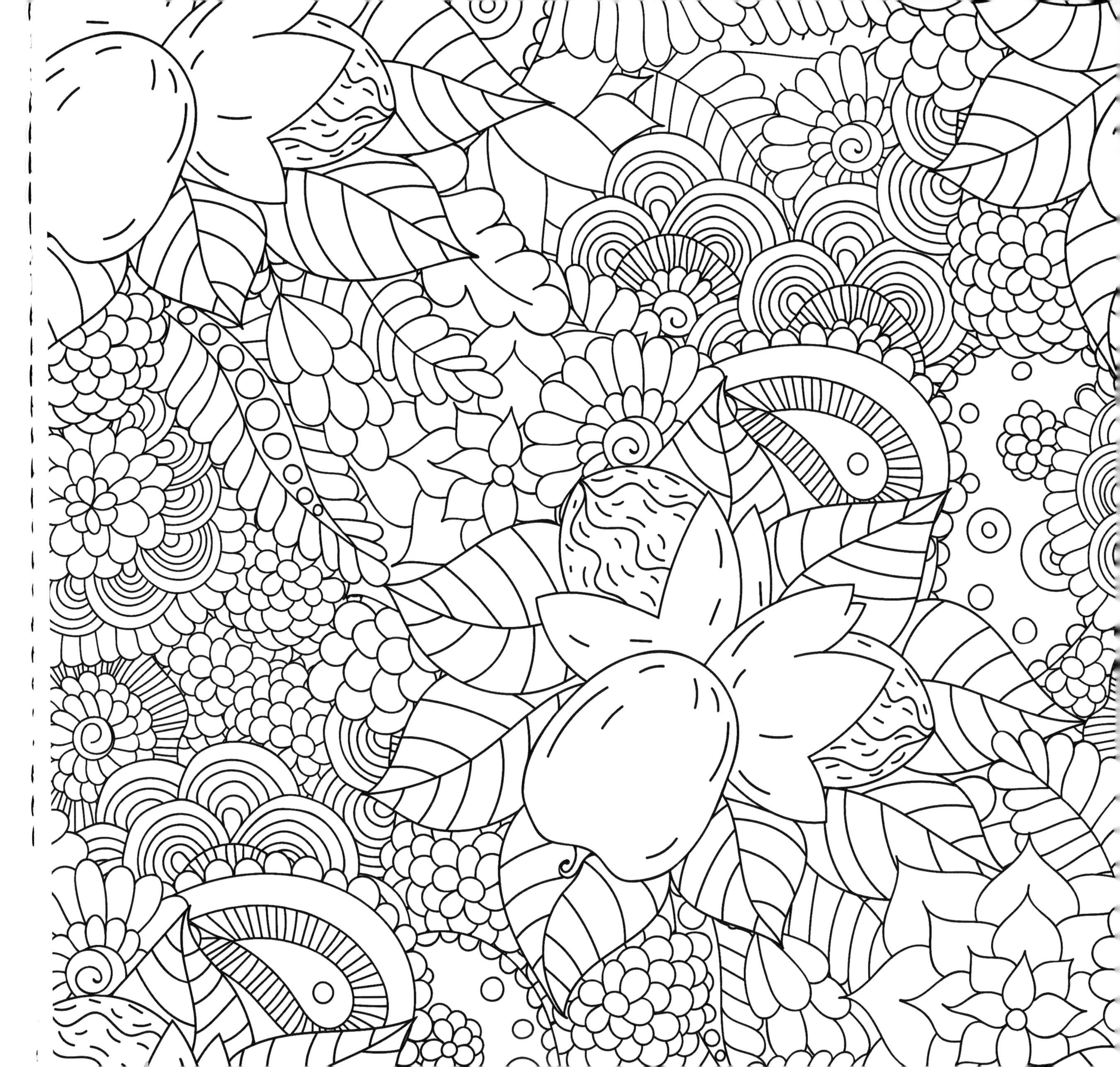

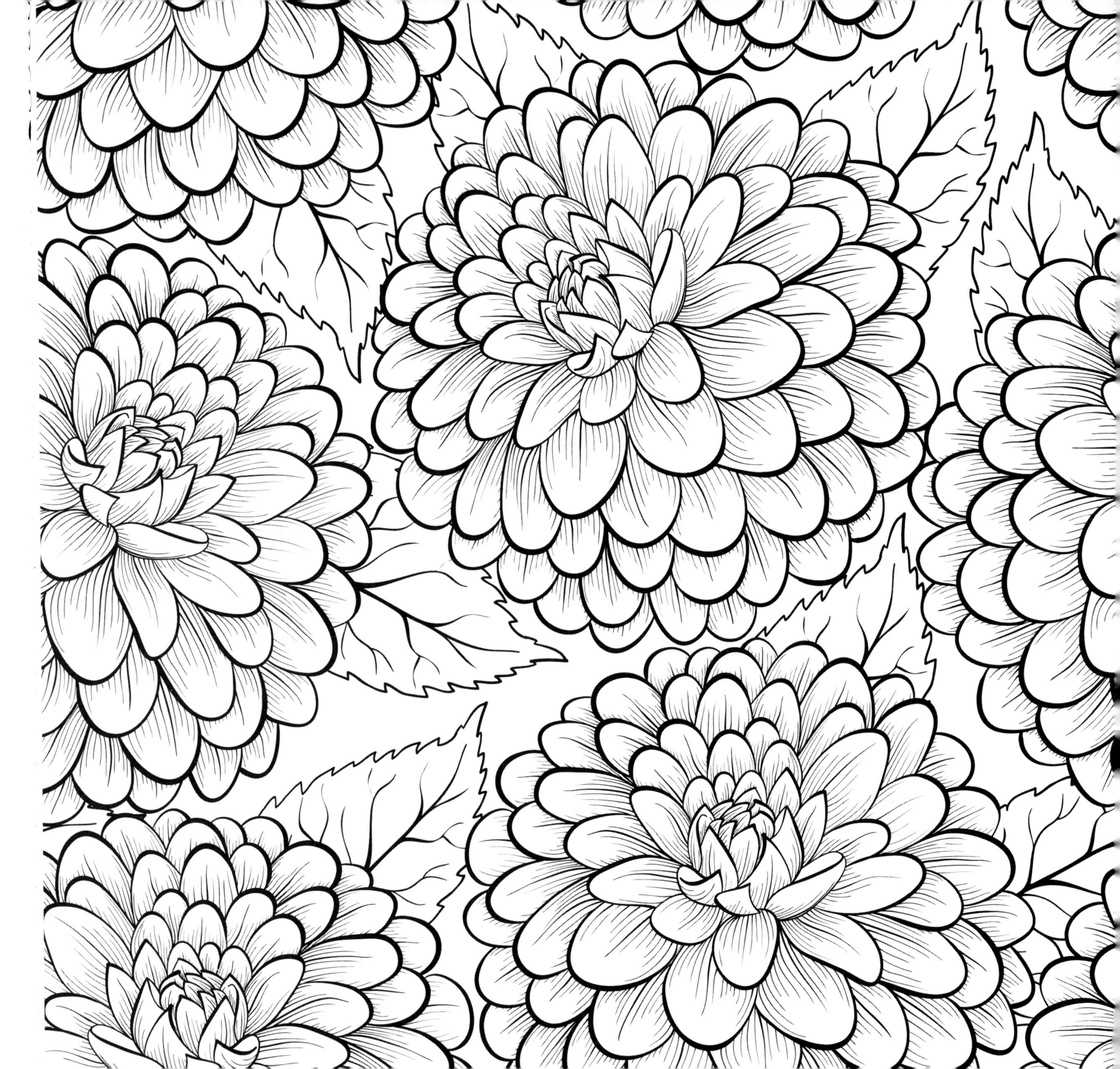

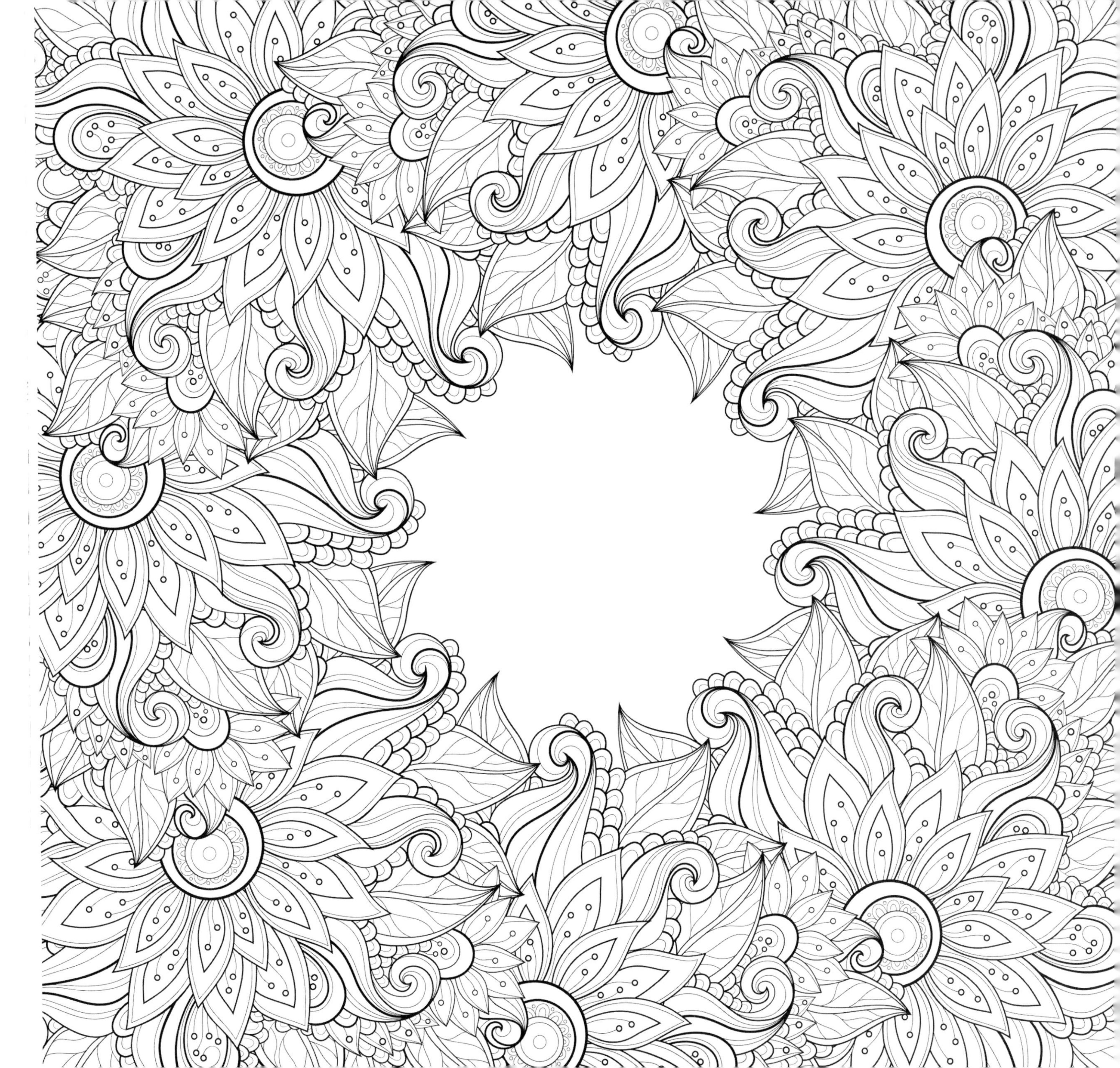

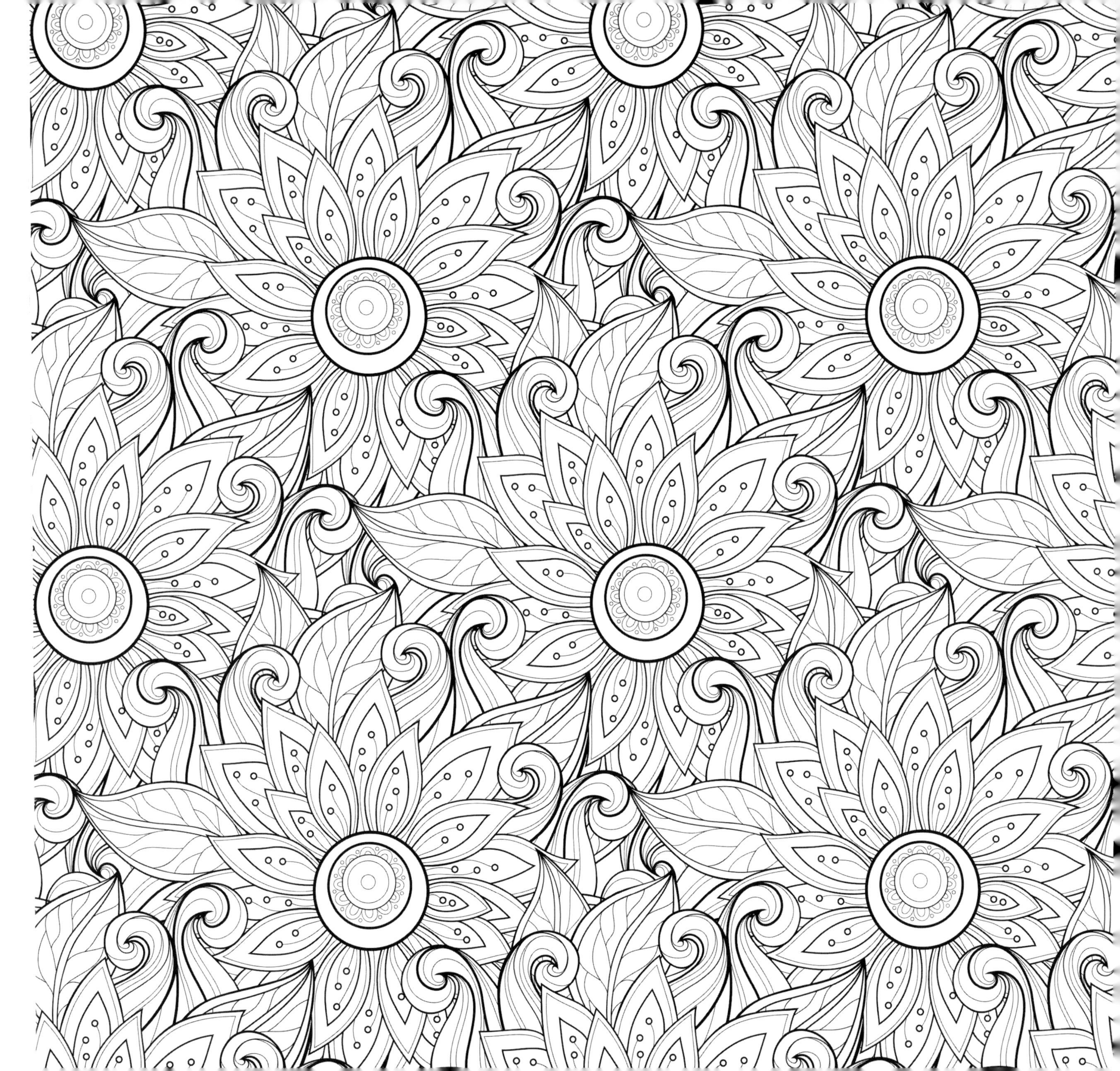

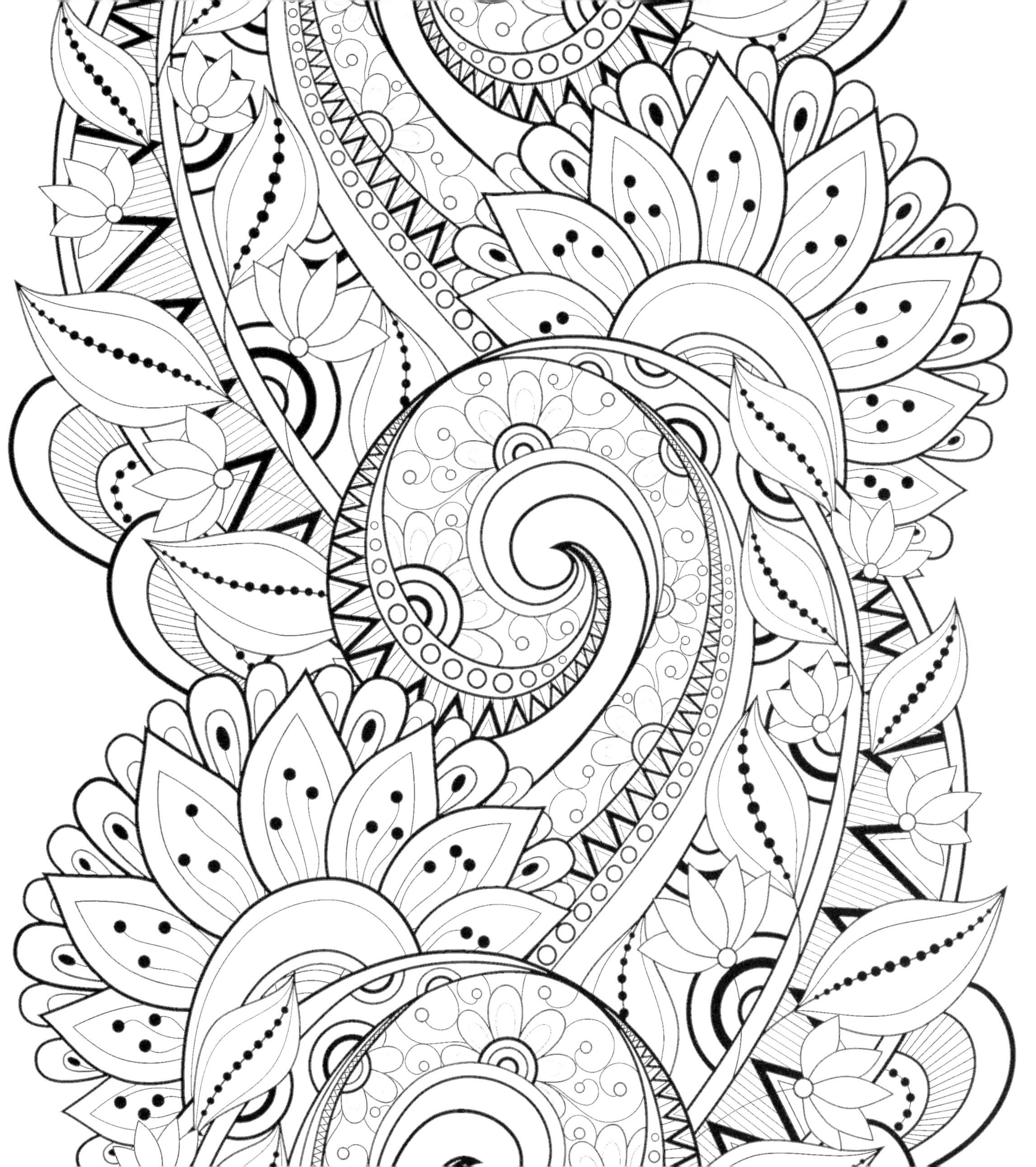

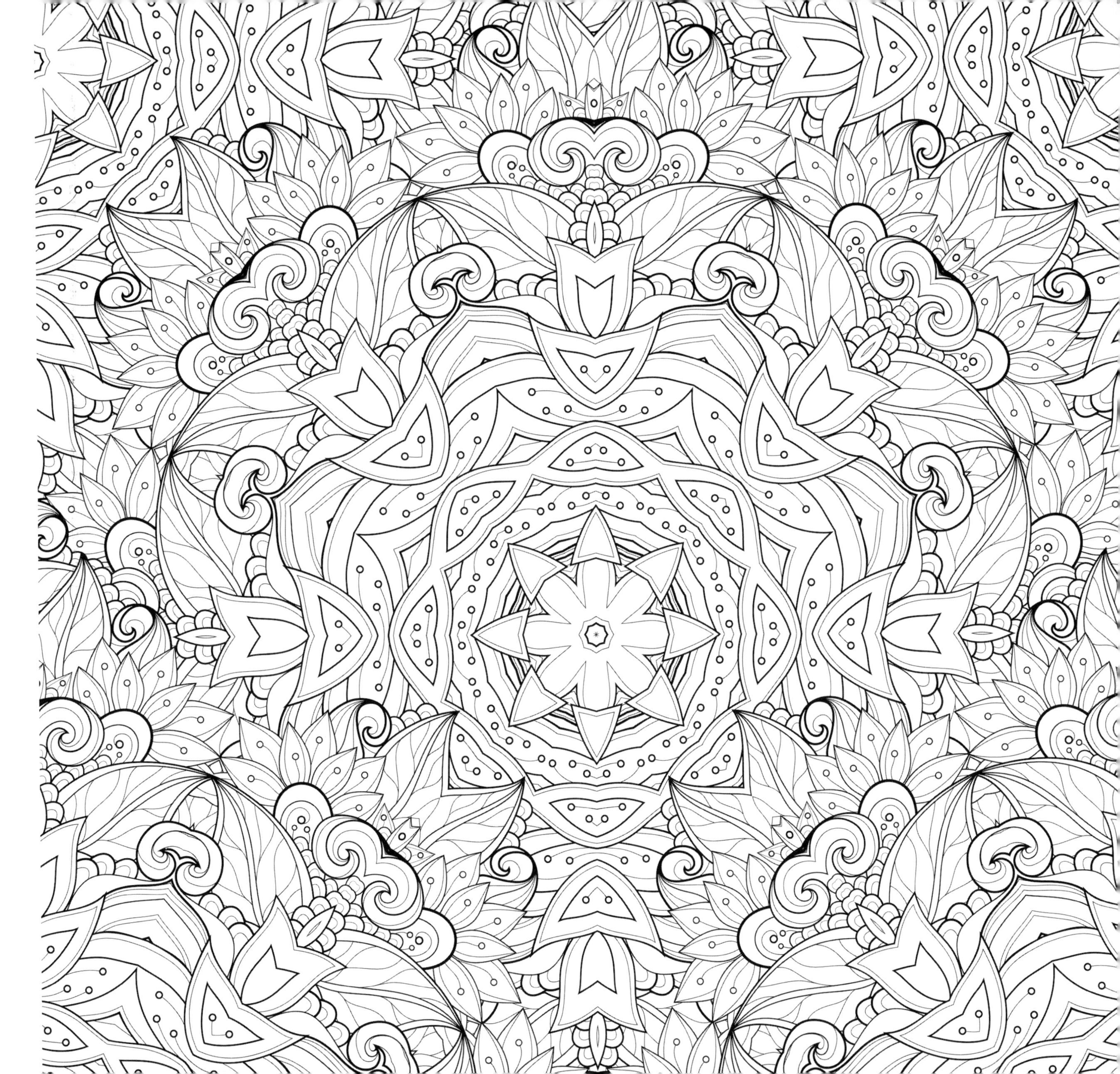

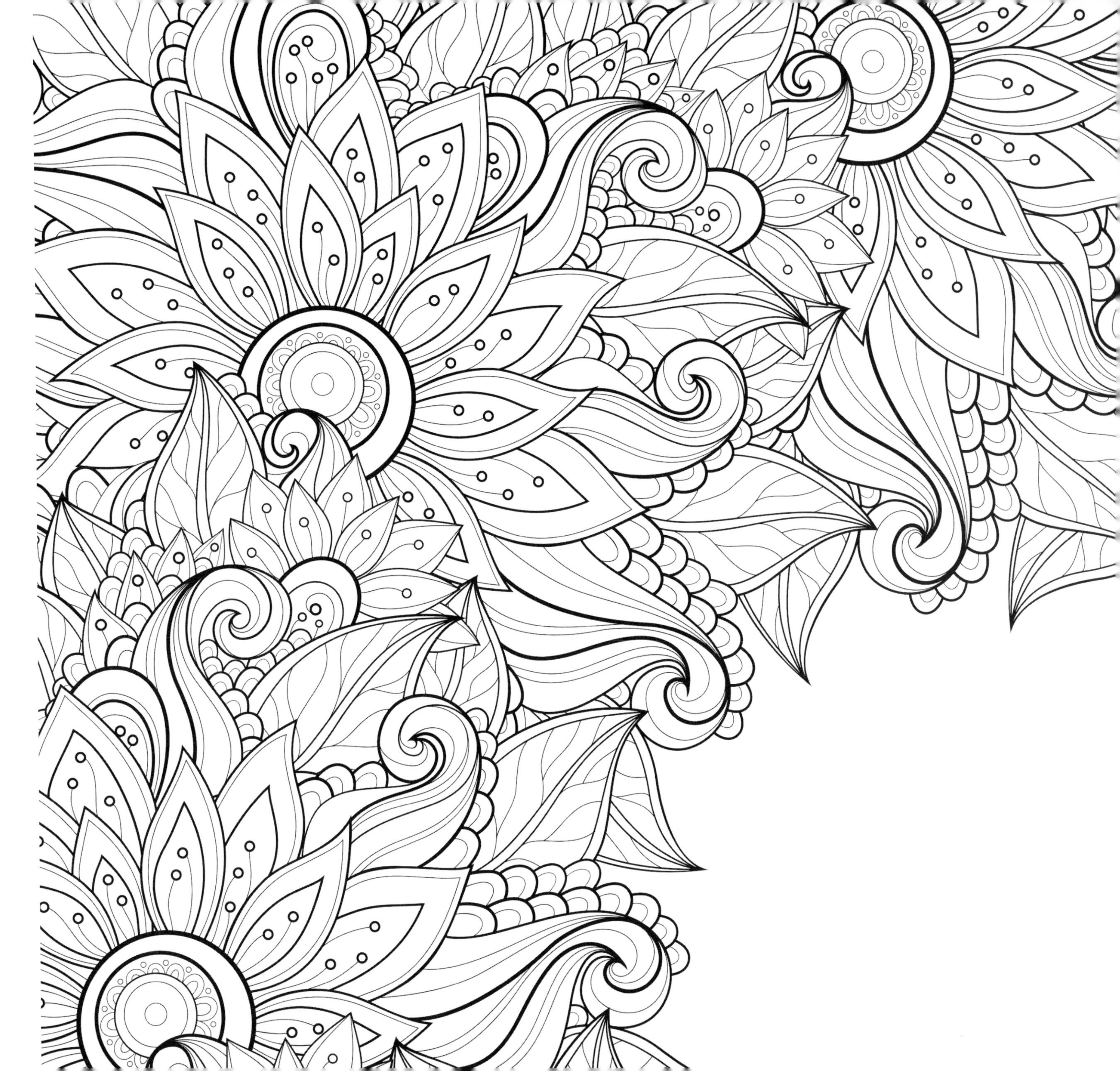

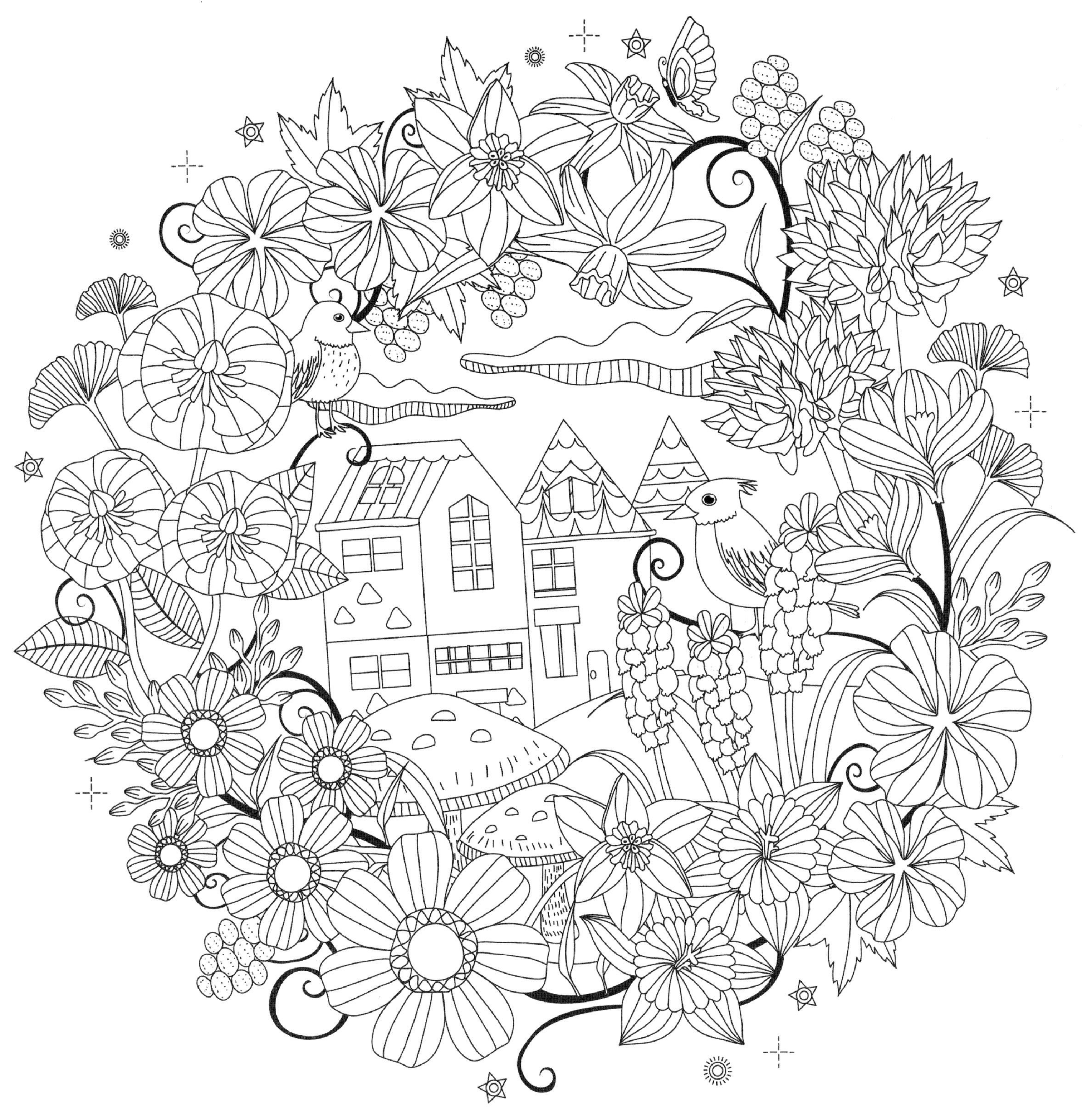